FAMÍLIA VIAGEM GASTRONOMIA MÚSICA **CRIATIVIDADE**
& OUTRAS LOUCURAS

REGRAS DA CRIATIVIDADE

TIRE AS IDEIAS DA CABEÇA E LEVE-AS PARA O MUNDO

Copyright © 2015 by Tina Seelig
Publicado mediante acordo com a Harper One, uma divisão da Harper Collins Publishers.

Nenhuma parte desta publicação pode ser reproduzida, armazenada ou transmitida para fins comerciais sem a permissão do editor. Você não precisa pedir nenhuma autorização, no entanto, para compartilhar pequenos trechos ou reproduções das páginas nas suas redes sociais, para divulgar a capa, nem para contar para seus amigos como este livro é incrível (e como somos modestos).

Este livro é o resultado de um trabalho feito com muito amor, diversão e gente finice pelas seguintes pessoas:
Gustavo Guertler (edição), Fernanda Fedrizzi (coordenação editorial), Germano Weirich (revisão), Humberto Nunes (capa e projeto gráfico) e Mayumi Aibe (tradução)

Obrigado, amigos.

2020
Todos os direitos desta edição reservados
à Editora Belas Letras Ltda.
Rua Coronel Camisão, 167
CEP 95020-420 - Caxias do Sul - RS
www.belasletras.com.br

Dados Internacionais de Catalogação na Fonte (CIP)
Biblioteca Pública Municipal Dr. Demetrio Niederauer
Caxias do Sul, RS

S452   Seelig, Tina
Regras da criatividade: tire as ideias da cabeça e leve-as para o mundo
/ Tina Seelig; tradução Mayumi Aibe — Caxias do Sul, RS : Belas Letras, 2020.
256 p.

ISBN: 978-85-8174-521-3

1. Pensamento criativo. 2. Criatividade nos negócios. 3. Inovações tecnológicas.
4. Empreendedorismo I. Aibe, Mayumi. II. Título.

20/12   CDU 658.012.2

Catalogação elaborada por Cássio Felipe Immig, CRB-10/1852

TRADUÇÃO
MAYUMI AIBE

TINA SEELIG
REGRAS DA CRIATIVIDADE

TIRE AS IDEIAS DA CABEÇA
E LEVE-AS PARA O MUNDO

Belas Letras

Todos os gráficos do Ciclo da Invenção foram fornecidos por Tina Seelig e usados com permissão; a ilustração na página 64 foi fornecida por Kevin Meier e usada com permissão; a ilustração na página 66 foi fornecida por Elad Segev e Odelia Kohn-Oppenheim e usada com permissão; a ilustração na página 123 foi fornecida por Katherine Young e usada com permissão; a ilustração na página 135 foi fornecida por Greg McKeweon e usada com permissão; a ilustração na página 148 foi fornecida pela empresa CanStockPhoto e usada com permissão; a ilustração nas páginas 190 e 191 foi fornecida por Maya Eilam e usada com permissão.

Design original por Ralph Fowler

Para Michael, meu super-herói

SUMÁRIO

11   Carta aos leitores

INTRODUÇÃO

17   Da inspiração à implementação

PARTE UM

43   Imaginação: engaje-se e vislumbre

49   Engaje-se: as chaves do prédio
61   Vislumbre: o mundo inteiro é um palco

PARTE DOIS

83   Criatividade: motive-se e experimente

87   Motive-se: você é o cliente
105   Experimente: não se faz omelete sem quebrar ovos

PARTE TRÊS

119   Inovação: tenha foco e reenquadre

125   Tenha foco: jogue fora o lixo
141   Reenquadre: reprograme seu cérebro

PARTE QUATRO

159   Empreendedorismo: persista e inspire

163   Persista: o que conduz o seu barco?
181   Inspire: conte-me uma história

CONCLUSÃO

207   O fim é o começo

229   Resumo dos projetos
235   Agradecimentos
239   Referências

CARTA AOS LEITORES

Um tempo atrás, encontrei uma carta que tinha escrito para mim mesma havia trinta anos. Estava revirando uma caixa antiga de correspondências à procura de um bilhete de um amigo de infância que tinha entrado em contato comigo após o lançamento do meu livro, *Se eu soubesse aos 20...*. Ao vasculhar os envelopes, achei a carta escrita na véspera do meu aniversário de vinte anos. Ler as palavras rabiscadas num caderno me fez voltar no tempo, a uma época em que eu tinha grandes sonhos e dúvidas maiores ainda sobre como conquistá-los. A carta descreve de modo pungente como é desafiador explorar o seu potencial e realizar os seus sonhos. Também foi uma confirmação espantosa de que o meu livro recém-lançado, o qual apresenta um curso rápido de como conseguir o seu lugar no mundo, era o que eu gostaria de saber aos vinte anos. Abaixo, eis um trecho dessa carta:

"Mês que vem, faço vinte anos e já deveria ser alguém de verdade: uma adulta, responsável, com um propósito. Sinto-me tão distante disso. Quero ser interessante, mas não acho que eu seja. Quero ser inteligente, mas não sou. Quero ser o tipo de pessoa que eu gostaria de conhecer, mas parece tão inútil [...] Talvez os meus objetivos sejam ridiculamente ambiciosos e eu devesse parar antes mesmo de começar."

Ler essa carta me fez lembrar até onde eu cheguei – a menina de vinte anos cheia de ansiedade no começo da jornada virou uma adulta que conseguiu avançar por um caminho sinuoso para ter uma profissão gratificante. Como várias pessoas, aos vinte eu tinha uma vontade clara de fazer algo que fosse significativo, mas não sabia como usar minhas energias para encontrar um meio de atingir essa meta. Trinta anos depois, acredito que há três elementos cruciais para você construir uma ponte para o futuro que deseja criar.

O primeiro é ter uma mentalidade empreendedora que lhe permita enxergar a abundância de oportunidades do mundo. Cabe a você criar a sua própria sorte, ver que a maioria das regras são recomendações e se permitir desafiar seus pressupostos. Essas lições são explicadas em *Se eu soubesse aos 20...*. Como escrevi nesse livro:

"Possibilidades infinitas acontecem quando você se força a sair da sua zona de conforto, se dispõe a errar, desconsidera o impossível de maneira saudável e aproveita todas as oportunidades de ser incrível. Sim, essas atitudes tornam a sua vida caótica e tiram seu equilíbrio. Mas também levam você a lugares que jamais poderia imaginar e proporcionam um modo de enxergar os problemas como oportunidades. Acima de tudo, elas lhe dão a confiança gradual de que os problemas podem ser resolvidos."

O segundo elemento é um conjunto específico de ferramentas para resolver problemas e tirar proveito das oportunidades que você inevitavelmente encontrará na sua trajetória. Eu o descrevi no meu livro seguinte, *Ingenium: um curso rápido e eficaz sobre criatividade*, que esclarece como dominar fatores tanto dentro de você quanto no ambiente externo para desvendar o caminho para a invenção:

"Um modo de aumentar a criatividade é aperfeiçoando a capacidade de observar e aprender, ao conectar e combinar ideias, reenquadrar problemas e ir além da primeira resposta certa. Você pode aumentar sua capacidade criativa construindo espaços que promovam a resolução de problemas, criando ambientes que apoiem a geração de ideias novas, montando equipes que sejam otimizadas para a inovação e contribuindo para uma cultura de estímulo à experimentação."

O terceiro é um mapa bem definido para passar da inspiração para a implementação. Este é o livro que você está lendo agora.

Tenho a sorte de poder ensinar essas habilidades para alunos da Universidade de Stanford. Como professora de aulas práticas no Departamento de Ciência da Administração e Engenharia e diretora-adjunta do Programa de Empreendimentos Tecnológicos de Stanford (STVP, na sigla em inglês) – o centro de empreendedorismo da Escola de Engenharia de Stanford –, meu papel é ajudar os jovens a identificar e aproveitar oportunidades. Nosso objetivo no STVP é fomentar as habilidades que vão capacitá-los a construir uma carreira, contribuir para as organizações das quais participarem e ter uma vida gratificante. Fazemos isso em cursos formais, programas extracurriculares e em workshops para alunos e professores do mundo inteiro. A essência da filosofia do STVP foi captada por um *slogan* pintado numa de nossas paredes:

EMPREENDEDORES
FAZEM MUITO MAIS DO
QUE O IMAGINÁVEL COM
MUITO MENOS DO QUE
PARECE POSSÍVEL.

Como nos diz essa mensagem, empreendedorismo é mais do que abrir uma empresa. Tem a ver com começar qualquer coisa! Isso envolve adquirir conhecimento, habilidades e atitudes para enxergar os problemas como oportunidades e mobilizar recursos para concretizar ideias. É tão importante para quem está começando uma banda de rock ou planejando uma viagem pelo mundo quanto para quem está abrindo uma empresa. Este livro apresenta uma estrutura para dar vida às suas ideias – sejam elas quais forem.

Como nos meus outros livros, convido você para a minha sala de aula em Stanford. As palavras escritas aqui têm o objetivo de estimular o seu pensamento e as suas ações. Apresento conceitos gerais e, em seguida, histórias para ilustrá-los. Compartilho ainda minhas experiências pessoais e as dos meus alunos, além de pesquisas relacionadas aos conceitos discutidos. Muitos exemplos são de inovadores e empreendedores do Vale do Silício, complementados por casos ao redor do mundo.

Na conclusão de cada capítulo, sugiro projetos que você pode fazer para reforçar os conceitos. Eles são uma parte importante da experiência: iluminam o caminho para passar das ideias para a ação. Alguns demandam minutos de reflexão pessoal, outros pedem para interromper a leitura e fazer uma tarefa específica. Acredito fortemente que todo aprendizado seja uma experimentação. Se você não usar o material efetivamente, não vai funcionar.

Gosto de receber *feedback* dos leitores contando como aproveitaram o livro e quais projetos ele inspirou. Você pode entrar em contato comigo pelo e-mail tseelig@gmail.com e seguir meu perfil no Twitter: @tseelig.

Criatividade é tudo!
Tina

INTRODUÇÃO
DA INSPIRAÇÃO À IMPLEMENTAÇÃO

Mais de 60% dos detentos do estado da Califórnia voltam para a prisão três anos após serem soltos. Essa taxa de reincidência representa a falta de esperança. Em geral, eles saem após décadas de detenção e encaram um mundo com poucas opções, o preconceito arraigado e a falta de orientação sobre como reconstruir a vida. Muitos olham para o próprio futuro e não enxergam nada além de uma neblina, sem um norte para seguir. Não à toa, tantos regressam à vida no crime e são presos novamente.

Na tentativa de resolver esse grave problema, dois empreendedores de sucesso, Chris Redlitz e Beverly Parenti, abriram o programa The Last Mile com o objetivo de preparar os detentos da Penitenciária Estadual San Quentin, na Califórnia, para terem êxito no retorno à vida em liberdade, por meio de aulas sobre negócios e tecnologia. Em parceria com outros voluntários especialistas em diversas áreas, eles se encontram com um grupo de quarenta detentos duas vezes por semana, ao longo de seis meses, ensinando empreendedorismo e formas de desenvolver habilidades como comunicação escrita, apresentação em público e computação.

Os participantes desenvolvem um projeto de empresa que trate de um problema social por meio da tecnologia e aprendem como fazer uma apresentação de cinco minutos para transmitir com eficácia esse plano. Após os seis meses, eles apresentam a ideia para uma plateia de líderes de negócios e companheiros de prisão. Entre os projetos já desenvolvidos no programa estão a Fitness Monkey, uma startup para incentivar as pessoas a abandonar o vício em drogas e praticar exercícios físicos; a TechSage, que ajuda ex-golpistas a se tornar desenvolvedores de aplicativos para celular e conseguir emprego após cumprirem pena; e a Funky Onion, que compra barato frutas e vegetais com imperfeições e os revende para restaurantes que, como vão cozinhá-los, não ligam para a aparência esquisita.

O que esses homens aprendem de mais importante é a ver a si mesmos como empreendedores capazes de trilhar um caminho para o futuro deles. Isso não é uma questão complicada apenas numa penitenciária – não é preciso passar um tempo preso para se sentir sem rumo. Inúmeras pessoas no mundo inteiro não se sentem confiantes para construir a vida com a qual sonham. Não sabem que direção estão seguindo e como superar os obstáculos ao longo do caminho. Não se veem como indivíduos inovadores, responsáveis e capazes de inventar o próprio futuro.

É um absurdo não ensinar aos jovens a serem empreendedores. Todos nós somos responsáveis por construir a nossa própria vida e por solucionar os grandes problemas mundiais, e a única maneira de fazer isso é com o conhecimento, as habilidades e as atitudes necessárias para tornar as ideias realidade. Infelizmente, boa parte da educação formal trata da memorização, e não da inovação. Destaca os heróis, em vez de ensinar os alunos a serem heroicos. E apresenta problemas que têm uma resposta certa, enquanto os desafios da vida real trazem um número infinito de soluções possíveis. As pessoas deveriam sair da escola com *agência*, sentindo-se empoderadas para responder às oportunidades e aos desafios à espera delas.

Muitos educadores acreditam que é impossível ensinar essas habilidades. Consideram a inovação e o empreendedorismo características inatas, assim como a cor dos olhos ou do cabelo, que não podem ser alteradas. Isso não é verdade – sem dúvida, é possível aprender essas habilidades, e é nosso dever ensinar pessoas de todas as idades a serem empreendedoras, capacitando--as a inventar o mundo no qual querem viver.

Isso levanta a seguinte questão: por que achamos que não dá para ensinar criatividade e empreendedorismo? Eu acredito que essa visão está enraizada na falta de um vocabulário claro e de um processo para passar da inspiração à execução. Outras áreas – como Física, Biologia, Matemática e Música – têm uma grande vantagem quando se trata do ensino. Elas contam com termos definidos e uma taxonomia das relações que fornecem uma metodologia estruturada para o domínio das competências exigidas. Por exemplo, se não tivéssemos definições para força (F), massa (m) e aceleração (a) e uma fórmula que definisse a relação entre elas (F = m x a), não teríamos carros, aviões ou foguetes. As definições e equações nos permitem descrever princípios fundamentais para aplicá-los de maneira construtiva.

Nós nos acomodamos ao usar um vocabulário impreciso para definir o processo criativo. Quando peço às pessoas para definirem criatividade, seja numa sala de aula ou num escritório de empresa, as respostas são variadas. A maioria começa dizendo: "Para mim, criatividade é...". E o complemento mais comum dessa frase é "pensar fora da caixa". Quando pergunto o que isso realmente quer dizer, ninguém sabe. Esse clichê é proveniente da resposta para o desafio dos "nove pontos", no qual o objetivo é conectar nove pontos, como na figura da próxima página, desenhando até quatro linhas retas que passem por cada um dos pontos, sem levantar o lápis do papel.

UMA MANEIRA DE RESOLVER O DESAFIO É ESTENDER AS LINHAS PARA FORA DO LIMITE DA "CAIXA" IMAGINÁRIA QUE CERCA OS PONTOS. OU SEJA, PENSAR FORA DA CAIXA.

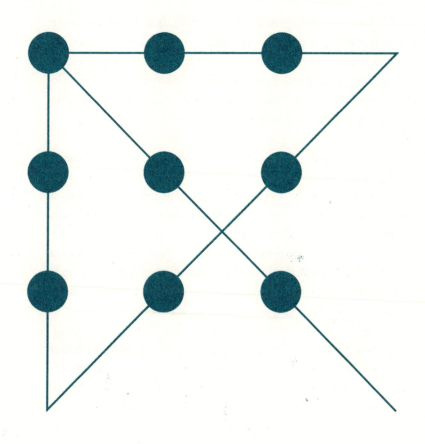

Em seu livro de referência, *Ideias criativas: como vencer seus bloqueios mentais*, Jim Adams descreve diversas maneiras de solucionar esse desafio que expandem os limites da imaginação, como amassar o papel de modo a desenhar uma linha que atravesse todos os pontos, circular uma linha ao redor do globo várias vezes até cruzar todos eles ou usar uma caneta tão grossa que pudesse riscá-los com um único traço.

A maioria das pessoas não conhece a origem da expressão "pensar fora da caixa" e a usa como uma frase generalizante e clichê, o que acaba esvaziando seu sentido. Na verdade, a criatividade demanda um conjunto complexo de habilidades, atitudes e ações, intimamente relacionadas à imaginação, à inovação e ao empreendedorismo. Para explorar nossa criatividade, precisamos de definições claras para todas as etapas do processo criativo e de empreendedorismo. Lamento dizer, mas não é um slogan clichê que dará conta.

Para falar a verdade, sou tão culpada quanto qualquer outra pessoa por não definir claramente os termos relacionados à inovação e ao empreendedorismo. Dei um curso chamado Criatividade e Inovação durante mais de doze anos e, na maior parte do tempo, usei as palavras *imaginação, criatividade e inovação* quase como sinônimos. Ensinei um conjunto de técnicas e ferramentas para reenquadrar problemas, questionar pressupostos e conectar ideias. No entanto, eu não tinha um referencial mais amplo que as abrangesse.

Após anos de dedicação a essa área, percebi que estava faltando essa peça importante. Sem um referencial consistente, não podemos ensinar ou aprender as habilidades necessárias para fazer o processo criativo progredir sistematicamente. Meu objetivo com este livro é reunir o que sabemos sobre criatividade e empreendedorismo para definir, aprender, ensinar e pôr em prática essas habilidades com rigor, de um modo que seja reproduzível. Inovação e empreendedorismo são instrumentos poderosos para indivíduos, equipes, organizações e comunidades inteiras. Com essas ferramentas, ganhamos empoderamento pessoal, fomentamos mudanças organizacionais e nos preparamos para lidar com os problemas urgentes do mundo.

Em primeiro lugar, existe uma hierarquia de habilidades, a começar pela imaginação:

IMAGINAÇÃO GERA CRIATIVIDADE.

CRIATIVIDADE GERA INOVAÇÃO.

INOVAÇÃO GERA EMPREENDEDORISMO.

Essa estrutura para as habilidades pode ser comparada às envolvidas na leitura e na escrita: bebês naturalmente balbuciam, fazendo *sons* para se comunicar. Eles aprendem a controlá-los e os combinam para formar *palavras*. Depois, aprendem a conectar palavras para compor *frases* e, em seguida, combinam-nas para criar *histórias*, que influenciam todos que as escutam. Ao longo do processo, os educadores têm todo o cuidado de ensinar as competências fundamentais, como vocabulário, gramática, leitura e escrita.

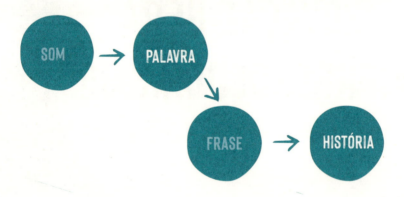

Precisamos com urgência de uma metodologia mais abrangente para aprender a desbloquear a criatividade, a inovação e o empreendedorismo. A seguir, proponho definições e associações para passar da imaginação ao empreendedorismo. Chamo isso de *Ciclo da Invenção*. O ciclo engloba todo o processo e mostra como o fim nos leva de volta ao começo. Ele também oferece um atalho para que não seja necessário listar todos os passos sempre que falarmos de passar das ideias para as ações.

O CICLO DA INVENÇÃO

- IMAGINAÇÃO É VISLUMBRAR COISAS QUE NÃO EXISTEM.

- CRIATIVIDADE É O USO DA IMAGINAÇÃO PARA ENFRENTAR UM DESAFIO.

- INOVAÇÃO É O USO DA CRIATIVIDADE PARA GERAR SOLUÇÕES ÚNICAS.

- EMPREENDEDORISMO É O USO DA INOVAÇÃO PARA CONCRETIZAR IDEIAS

  ÚNICAS, INSPIRANDO A IMAGINAÇÃO DAS PESSOAS.

Vamos conferir todos esses estágios, um a um:

➪ IMAGINAÇÃO É VISLUMBRAR COISAS QUE NÃO EXISTEM.

Isso exige curiosidade, engajamento e a capacidade de conceber ideias. Essa habilidade natural é influenciada por suas experiências, tanto as reais quanto as ficcionais. Portanto, quanto mais estímulos variados você tiver, como viagens, livros, comidas, músicas e filmes, mais poderosa será a sua imaginação. As ideias que imaginar podem ficar confortavelmente guardadas na sua mente, ou você pode compartilhá-las com as pessoas. Por exemplo, posso imaginar um animal que seja uma mistura de gato e pássaro ou uma refeição em que a sobremesa seja servida primeiro. Posso guardar essas ideias comigo ou dividi-las como acabei de fazer.

CRIATIVIDADE É O USO DA IMAGINAÇÃO PARA ENFRENTAR UM DESAFIO.

Ideias criativas preenchem uma necessidade específica e existem no mundo. São ideias novas para você, mas não necessariamente para todo mundo. É importante distinguir imaginação de criatividade. Mentalizar paisagens à beira-mar requer imaginação, usar a imaginação para pintar um quadro dessa paisagem requer criatividade. Vislumbrar um carro solar pede imaginação, já construir um de verdade exige criatividade.

Essas afirmações estão alinhadas à pesquisa acadêmica sobre criatividade. Mark Runco e Garrett Jaeger, do Centro de Criatividade Torrance da Universidade da Geórgia, revisaram uma série de definições acadêmicas de criatividade no artigo *A definição padrão de criatividade,* publicado no *Creativity Research Journal*. Em resumo, eles escreveram: "Criatividade demanda tanto originalidade quanto eficácia [...]. Originalidade é vital para a criatividade, mas não é suficiente [...]. Algo original precisa ser eficaz para ser criativo." Outro especialista no assunto, Sir Ken Robinson, reitera isso ao observar que "ideias criativas não precisam ser originais para o mundo inteiro, mas precisam ser originais para você e ter utilidade".

INOVAÇÃO É O USO DA CRIATIVIDADE PARA GERAR SOLUÇÕES ÚNICAS.

Diferentemente da criatividade, ideias inovadoras são novas para o mundo, não somente para quem as inventou. Isso requer olhar para o mundo com um olhar renovado e envolve questionar pressupostos, reenquadrar situações e conectar diferentes disciplinas. As ideias transformadoras resultantes desse processo revelam oportunidades e enfrentam desafios de uma forma inédita. A diferença em relação à criatividade pode até parecer sutil. Porém, é de uma importância decisiva, já que a inovação exige ir muito além da solução criativa de problemas do dia a dia.

As empresas buscam inovação porque querem ideias transformadoras para competir num mercado altamente dinâmico. Exemplos de inovação são abundantes no mundo de hoje, como a impressão 3D (1984), o navegador de internet (1990) e o isolante feito com fungos (2007). Inovações ocorrem em todas as disciplinas e em tipos de empreitada, incluindo Matemática, Arte, Música e Culinária.

⇨ EMPREENDEDORISMO

É o uso de inovação para concretizar ideias únicas e, por consequência, inspirar a imaginação das pessoas. É claro que o empreendedorismo é necessário em negócios voltados para a comercialização de inovações, mas também é importante para qualquer empreendimento que dependa de um pensamento empreendedor para lidar com problemas complexos. Médicos empreendedores desenvolvem e oferecem procedimentos que salvam vidas; educadores empreendedores inventam e adotam técnicas de ensino eficazes; e agentes responsáveis por políticas públicas elaboram e implementam leis pioneiras para mitigar problemas sociais.

Muitas pessoas confundem os conceitos de *inovação* e *empreendedorismo* ao afirmar que as inovações precisam ter um impacto significativo no mundo. Isso cria uma confusão terrível. Há muitas inovações – ideias transformadoras – que, por diversas razões, nunca saem da garagem ou do laboratório. Talvez não haja motivação para comercializar uma inovação em particular, seja por conta de obstáculos financeiros ou barreiras culturais para a implementação. Mas, ainda que não atinja a velocidade de escape, não deixa de ser uma inovação.

O Ciclo da Invenção é um círculo virtuoso: os empreendedores tornam suas ideias possíveis ao inspirar a imaginação das pessoas – quem se junta ao projeto, quem funda o empreendimento, quem compra os produtos. Esse modelo é relevante para startups e firmas estabelecidas, assim como para empresas inovadoras de todos os tipos, nas quais a implementação da ideia – seja um produto, um serviço ou uma obra de arte – resulta no aumento da imaginação. Pense em produtos como o iPhone, o giz de cera e mesmo o fogão de cozinha, que liberaram a imaginação e a criatividade de milhões de pessoas inspiradas pelas novas possibilidades. Lembre-se ainda de que líderes de qualquer organização, de um time de futebol a uma equipe de pesquisa, podem inspirar a imaginação de um país inteiro. Um espírito empreendedor contagia os demais, provocando onda após onda de imaginação, criatividade, inovação e empreendedorismo.

A estrutura do Ciclo da Invenção também nos permite analisar o caminho, ao definir as ações e atitudes necessárias para ensinar e aprender essas habilidades. Podemos observar cada etapa e determinar como dominar suas respectivas habilidades antes de seguir adiante.

Resumi cada etapa do ciclo numa ação e numa atitude representativas que precisam acontecer naquele ponto específico:

ATITUDES E AÇÕES DO CICLO DA INVENÇÃO

IMAGINAÇÃO
REQUER ENGAJAMENTO
E A CAPACIDADE
DE VISLUMBRAR
ALTERNATIVAS.

CRIATIVIDADE
REQUER MOTIVAÇÃO
E EXPERIMENTAÇÃO
PARA ENFRENTAR
UM DESAFIO.

INOVAÇÃO
REQUER FOCO E REENQUADRAMENTO PARA GERAR SOLUÇÕES ÚNICAS.

EMPREENDEDORISMO
REQUER PERSISTÊNCIA E A CAPACIDADE DE INSPIRAR AS PESSOAS.

Vamos observar um exemplo para ver esses princípios em funcionamento: como pesquisadora de Inovação de Biodesign da Universidade de Stanford, Kate Rosenbluth passou meses no hospital acompanhando de perto neurologistas e neurocirurgiões. Em parceria com colegas de equipe formados em Medicina, Engenharia e Negócios, o objetivo dela era descobrir a principal necessidade dos médicos e dos pacientes que não estava sendo atendida.

Na etapa de imaginação, que demandou engajamento e capacidade de vislumbrar, Kate e sua equipe listaram centenas de problemas a serem resolvidos, de questões relacionadas a pacientes ambulatoriais a complicações cirúrgicas. Ao ficarem imersos no hospital e cultivarem um olhar atento, os pesquisadores conseguiram observar inúmeras oportunidades de melhoria que haviam sido negligenciadas.

Durante esse processo, eles ficaram surpresos com a quantidade de pacientes que sofrem de tremores debilitantes nas mãos, que os impedem de cumprir tarefas cotidianas, como segurar uma xícara de café ou abotoar uma camisa. Somente nos Estados Unidos, oito milhões de pessoas têm doenças neurológicas que causam tremores, e os remédios trazem pouco alívio. O tratamento mais eficaz é a estimulação cerebral profunda, uma intervenção onerosa e cara que consiste em implantar, de modo permanente, eletrodos no cérebro e uma bateria na caixa torácica. Ao se engajar com empenho, a equipe vislumbrou a possibilidade de uma solução alternativa.

Na etapa de criatividade, potencializada pela motivação e pela experimentação, a equipe se dedicou a buscar possíveis soluções em reuniões com especialistas, na análise da literatura e em testes com tratamentos alternativos. Os pesquisadores deram início a experiências com novos tratamentos e reinventaram algumas soluções já testadas.

Na etapa de inovação, Kate e sua equipe tiveram um insight que revolucionou a visão deles do tratamento de tremores. O fato de os pacientes reclamarem mais dos sintomas nos braços e nas mãos, enquanto as terapias existentes priorizavam sobretudo o cérebro, deixava-os intrigados. Essa percepção levou ao desenvolvimento de dispositivos a serem vestidos, que tratam os tremores na fonte. Não apenas é eficaz, mas também funciona sem os efeitos colaterais da medicação ou os riscos de uma cirurgia cerebral.

Na etapa de empreendedorismo, Kate abriu uma empresa, a Cala Health, que desenvolve e disponibiliza dispositivos médicos eficazes, seguros e acessíveis para o tratamento de doenças neurológicas. Houve então inúmeros desafios ao longo do processo de comercializar os produtos, como a contratação de uma equipe, a aprovação pela FDA, o levantamento de verbas, a fabricação e o marketing. Essas tarefas requisitaram persistência e a capacidade de inspirar quem pudesse investir na empresa, juntar-se a ela ou comprar o produto. Enquanto desenvolvia o primeiro dispositivo, Kate teve mais insights, o que instigou novas ideias para tratar outras doenças com uma abordagem similar e a trouxe de volta à etapa de imaginação!

É fundamental notar que, ao percorrer diversas vezes o Ciclo da Invenção, você começará a usar todas as habilidades em conjunto. A estrutura oferece um guia para o domínio das habilidades exigidas para concretizar ideias e serve de sustentação, que se fortalece com o uso. Aliás, não é necessário que todos os integrantes de um projeto de empreendedorismo dominem plenamente as habilidades do ciclo. No entanto, todos os projetos precisam dar conta dos fundamentos. Sem imaginadores que se engajem com o mundo e vislumbrem alternativas, não haverá oportunidades atrativas a serem consideradas. Sem criadores motivados a enfrentar desafios e a experimentar em busca de uma solução, problemas rotineiros não serão resolvidos. Sem inovadores que tenham como foco questionar pressupostos e reenquadrar problemas, não haverá novas ideias. E, sem empreendedores persistentes que inspirem as pessoas, as inovações ficarão guardadas na gaveta.

Outro ponto é que todos os tipos de empreendedores conseguem implementar ideias *criativas*, não necessariamente inovadoras. Isso é o que acontece quando alguém abre uma cafeteria ou começa uma banda cover. São formas de contornar o Ciclo da Invenção ao usar a imaginação para enfrentar um desafio (criatividade), mas não quer dizer usar a criatividade para inventar uma solução única (inovação). E não tem problema nenhum. Mas, se ficar só nisso, essa pessoa vai perder a chance de se aventurar e ter um negócio com um diferencial.

O modelo do Ciclo da Invenção reforça modelos análogos de inovação e empreendedorismo, tais como o *design thinking* e a metodologia da startup enxuta. Ambos enfatizam como indivíduos, equipes e organizações definem os problemas, geram soluções, constroem protótipos e reexaminam as ideias com base no *feedback* colhido durante o desenvolvimento das soluções bem-sucedidas. Assim como devemos aprender Aritmética antes de estudar Álgebra ou Cálculo, precisamos desenvolver uma mentalidade empreendedora e uma metodologia antes de encarar os problemas da vida cotidiana, desenhar produtos ou abrir negócios. No capítulo final, descrevo com mais detalhes como o Ciclo da Invenção conversa com cada um desses modelos.

Nos próximos capítulos, vamos esmiuçar o Ciclo da Invenção e depois reagrupá-lo. Cada parte do livro – Imaginação, Criatividade, Inovação e Empreendedorismo – tem uma história inicial que prepara o terreno para os dois capítulos seguintes; e cada capítulo apresenta projetos para você praticar as habilidades descritas.

A primeira seção do livro destaca como você pode aprimorar a imaginação ao se engajar no mundo à sua volta e vislumbrar algo novo e diferente. O ponto-chave é que você precisa começar com curiosidade, que abre as portas para incontáveis oportunidades de identificar os possíveis desafios, e só depois vislumbrar alternativas.

A segunda seção discute como usar a imaginação para gerar ideias criativas. Demonstra a importância da motivação e do compromisso ao encarar desafios e a da experimentação para testar soluções. Motivação e experimentação estão intimamente ligadas, já que a primeira conduz naturalmente à segunda, e os resultados realimentam a motivação.

A terceira seção explica como usar a criatividade para gerar soluções inovadoras. Esse processo requer que você foque a sua atenção e reenquadre sua maneira de enxergar uma determinada situação. Para isso, é necessária a capacidade de superar bloqueios emocionais, intelectuais e sociais e, a partir de diferentes perspectivas, analisar concretamente a oportunidade.

A quarta seção demonstra como implementar ideias e inspirar os outros por meio das inovações. Essa última fase abrange todas as ações e atitudes anteriores, bem como a persistência obstinada e a capacidade de envolver as pessoas.

Com definições claras de imaginação, criatividade, inovação e empreendedorismo, além de uma taxonomia que elucide as relações entre esses conceitos, o Ciclo da Invenção ilumina o caminho da inspiração à implementação. Ele registra as atitudes e ações necessárias para fomentar a inovação e trazer ideias transformadoras para o mundo. Ao compreendê-lo e aprimorar as suas atitudes e ações, você conseguirá identificar mais oportunidades, questionar mais pressupostos, gerar soluções únicas e concretizar mais ideias. Essas ferramentas poderosas vão ajudá-lo a mapear o caminho rumo à vida que você quer levar.

PROJETO

Escreva uma carta para você mesmo descrevendo o que espera conquistar no futuro. Escolha o prazo que lhe faça mais sentido e seja o mais específico que quiser. O objetivo desse exercício é entrar num estado mental determinado: o de pensar em traçar um caminho até os seus objetivos. No capítulo 2, vamos falar de novo dessa carta, e mais uma vez no final, então considere-a apenas um primeiro rascunho a ser revisado.

PARTE UM

IMAGINAÇÃO:
ENGAJE-SE E VISLUMBRE

A vida de Scott Harrison estava uma bagunça. Ele tinha trabalhado dez anos como *promoter* de clubes noturnos, com a função de atrair as pessoas para as festas e fazê-las beber até cair. Scott estava completamente infeliz e cercado, segundo ele mesmo, por "um rastro de destruição". Anos mais tarde, numa palestra em Stanford, afirmou:

"Aos vinte e oito anos, eu tinha todos os vícios possíveis associados à vida noturna. Fumava dois maços e meio de Marlboro por dia. Bebia em excesso. Era usuário de cocaína, de ecstasy, de ecstasy líquido. Era viciado em jogo e pornografia, vivia em clubes de striptease. Então, felizmente, acordei do meu estupor após dez anos nessa vida. Estava em Punta del Este, na América do Sul... e simplesmente me dei conta de que não era apenas a pessoa mais infeliz que conhecia, era também a pior pessoa que eu conhecia. Quer dizer, não havia ninguém mais egoísta e bajulador do que eu. E percebi que o legado que eu estava deixando, o modo como iriam se lembrar de mim, era o do cara que só dá festas e deixa as pessoas drogadas. E, de certo modo, havia destruição por toda parte."

Scott teve repulsa pelo que tinha feito da vida e decidiu que precisava mudar tudo. Ele se perguntou: "O que seria o oposto dessa minha vida?". Após semanas de reflexão, a resposta dele foi se oferecer para colaborar com uma instituição de ajuda humanitária.

Entrou em contato com muitas entidades de serviço social, voluntariando-se a ajudar. Todas o rejeitaram. Com certeza, ele não parecia alguém capaz de contribuir. Decidido, continuou nessa missão até finalmente ser aceito como voluntário na Mercy Ships, uma organização que envia hospitais flutuantes às regiões mais pobres do mundo para prover tratamento médico gratuito. Scott soube que poderia participar se custeasse as próprias despesas. Ele abraçou a oportunidade.

Os médicos da Mercy Ships são voluntários durante duas semanas, nas quais operam e fornecem remédios para quem precisa. Scott embarcou rumo à Libéria, no norte da África, no cargo de fotojornalista, responsável por registrar as histórias das pessoas atendidas pela equipe médica. A experiência abriu os olhos dele para um mundo de sofrimento. Havia milhares de pessoas com doenças devastadoras, muitas das quais eram causadas pela água contaminada por bactérias, parasitas e esgoto. As fotos de Scott mostram jovens e velhos que tiveram a vida destruída pela falta de acesso à água potável. Ele decidiu que precisava fazer alguma coisa para contribuir com uma solução.

Ao voltar para Nova York, em 2006, fundou a charity:water, com o objetivo de fornecer água potável de confiança para as 800 milhões de pessoas no planeta sem acesso a esse recurso. Aproveitou as habilidades como promoter e mobilizou o apoio de milhões de pessoas ao redor do mundo, inclusive o de líderes de grandes empresas, que, por sua vez, usaram a influência para alcançar ainda mais gente. As táticas da charity:water são diretas: cavar poços para encontrar água limpa, construir sistemas de captação da água pluvial e instalar filtros de areia, associando-se a grupos da região para determinar os locais apropriados.

Existem duas lições valiosas na história de Scott Harrison. A primeira é que a paixão acompanha o engajamento. Você tem mais condições de vislumbrar o que espera realizar após experiências que despertem a sua imaginação. E, como aconteceu com Scott, provavelmente o seu chamado será algo de que você nunca ouviu falar. A segunda lição é que todos nós decidimos o palco no qual faremos a nossa vida acontecer. Há um leque de opções, e cabe a cada um fazer essa escolha.

Para realizar alguma coisa, devemos começar imaginando o que esperamos conquistar. Nesta seção, vamos explorar essa primeira etapa do Ciclo da Invenção e mostrar como o engajamento e a capacidade de vislumbrar possibilitam que você defina o futuro que deseja criar.

CAPÍTULO 1
ENGAJE-SE: AS CHAVES DO PRÉDIO

Imagine contemplar uma pintura durante três horas. É isso que a professora de História da Arte e Arquitetura em Harvard Jennifer Roberts pede aos alunos dela. É parte de um trabalho maior no qual eles estudam intensivamente uma obra de arte. Antes de se dedicarem à pesquisa auxiliar em livros ou periódicos, precisam passar um tempo dolorosamente longo apenas observando a obra. No começo, a turma se revolta e reclama que é impossível ter tanta coisa para ver num único objeto. Porém, depois os alunos admitem se surpreender "com o potencial que esse processo abre".

Jennifer Roberts compartilhou num artigo a experiência que teve com uma pintura de 1765, de John Singleton Copley, intitulada *Menino com um esquilo voador*:

"Levei nove minutos para perceber que o formato da orelha do menino se assemelhava, com precisão, ao dos pelos na barriga do esquilo – e que Copley fez uma espécie de conexão entre o animal, o corpo humano e as capacidades sensoriais de cada um. Mais vinte e um minutos e notei o fato de que os dedos que seguram a corrente abarcam exatamente o diâmetro do copo de água abaixo da mão. Demorei uns bons quarenta e cinco minutos para entender que as dobras e as rugas aparentemente aleatórias na cortina ao fundo eram, na verdade, cópias perfeitas do formato da orelha e do olho do menino, como se Copley tivesse imaginado esses órgãos sensoriais se espalhando e se imprimindo na superfície do tecido."

Esse exercício demonstra que ver alguma coisa por um breve momento não significa necessariamente *enxergar*. Isso acontece com todos os nossos sentidos. É tão comum a gente ouvir sem escutar de verdade, tocar sem sentir, ver sem enxergar.

Para ilustrar essa questão, pedi aos alunos de um dos meus cursos que fizessem um trabalho semelhante. Eles tiveram que andar uma hora em silêncio e captar tudo que ouviam e viam. Houve quem escolhesse um local na cidade, na floresta ou simplesmente a mesa da própria cozinha. Ao organizar as reflexões, os alunos perceberam que a maioria dos seus dias são tão corridos – e barulhentos – que eles não reparam no que está acontecendo à volta. Esse tipo de observação é não apenas um excelente ganho de vida, como também a chave para muitas oportunidades. Ao se engajar de forma ativa no mundo, você começa a perceber padrões e possibilidades.

Pense na história da criação do Lyft, que, como outras empresas de carona compartilhada, está mudando a maneira como as pessoas circulam nas cidades. Tudo começou no Zimbábue, na África, onde Logan Green viajava a turismo. Ele percebeu que, como as ruas eram apinhadas de gente, os motoristas pegavam passageiros ao longo do percurso. Um carro pequeno podia ficar lotado com dez pessoas, todas felizes por pegar uma carona. Logan comparou isso com a experiência que tinha em casa, nos Estados Unidos, onde a maioria dos veículos tem um único passageiro e as avenidas são engarrafadas na hora do *rush*. Sentiu-se inspirado a estudar um conceito similar quando regressasse. Foi assim que surgiu o Zimride, uma homenagem ao Zimbábue.

Com o passar do tempo, a estratégia do Zimride evoluiu da combinação de caronas entre colegas de universidade ou trabalho para um aplicativo de carona compartilhada. A empresa mudou de nome para Lyft, mas a visão inicial permaneceu, baseada no compartilhamento de caronas que Logan observou numa avenida movimentada da África.

É comum eu conhecer pessoas que estão numa busca desesperada e profunda dentro de si mesmas, querendo encontrar algo por que se sintam apaixonadas. Não percebem que, no caso da maioria de nós, as ações *geram* a paixão, e não o contrário. As paixões não são inatas, mas nascem das nossas experiências. Por exemplo, se você nunca escutou um violino, chutou uma bola ou quebrou um ovo, não saberá se curte música clássica, futebol ou culinária, respectivamente.

Vamos lembrar a história de Scott Harrison, contada na abertura da parte um. Ele se candidatou como voluntário em dezenas de organizações e foi participar da única que o aceitou. Poderia ter sido *qualquer* uma delas. Na verdade, nem sequer tinha uma preferência. Após ser admitido, Scott começou a viver novas experiências e a fazer perguntas – muitas perguntas. Queria saber por que havia tantas pessoas doentes na Libéria, por que elas tinham doenças que ele nunca tinha visto e o que as estava causando. As respostas para essas questões o levaram a fazer ainda mais perguntas sobre como resolver o problema das enfermidades transmitidas pela água. Antes de se engajar, Scott não era apaixonado pela causa do fornecimento de água potável para milhões de pessoas. A paixão dele nasceu do engajamento.

O seu primeiro passo para desenvolver uma paixão não precisa ser glamoroso. Se tiver arranjado um emprego de garçom num restaurante, por exemplo, você terá a chance de interagir com centenas de pessoas todos os dias e de ver o mundo de uma perspectiva singular. Existem inúmeras lições a serem aprendidas com essa experiência, assim como oportunidades de inspiração. Você pode desvendar os segredos do atendimento eficaz ao consumidor e então descobrir como ajudar as pessoas a aperfeiçoarem competências relacionadas a essa área. Pode ficar fascinado com as particularidades da dieta de alguns clientes e decidir abrir um restaurante que atenda às necessidades deles. Ou, durante uma conversa, talvez descubra que uma cliente tem diabetes e, depois de saber dos problemas que ela enfrenta, se tornar solidário a essa questão.

Assim como há um número quase infinito de paixões que você pode desenvolver, também é grande o número de possíveis direções a seguir após ser tomado por uma nova paixão. Se decidir focar no atendimento ao consumidor, por exemplo, você pode elaborar um guia das melhores práticas na indústria de hospitalidade, fazer um documentário, abrir uma consultoria ou um restaurante. Sem aquela experiência inicial como garçom, você jamais teria encontrado esse novo chamado. Em todo caso, assim que abrir a porta para um destino específico, vai se deparar com uma série de caminhos que talvez desconhecesse. Na verdade, o mais provável é que você não sabia nada sobre essa coisa até ela se tornar a sua causa.

Amor à primeira vista é raro em quase todos os aspectos da vida. Quanto mais experiência tiver com uma pessoa, uma profissão ou um problema, mais entusiasmado e engajado você se torna. Vamos nos aprofundar nessa comparação: se quiser se casar, a última coisa que deve fazer é se sentar sozinho, esperando o telefone tocar, ou a princesa ou o príncipe encantado bater à porta. A chance de encontrar um par compatível aumenta se você conhecer muitas pessoas. Sua atitude (afeto) acompanha as suas ações (sair com alguém), não o contrário. É verdade, o processo de sair com uma pessoa pode ser permeado de falsos começos e frustrações, mas você só terá sucesso se aceitar o processo de descoberta.

A descoberta se baseia na curiosidade. Quanto mais curioso você é, mais disposto está a investir em cada nova experiência. O jeito mais fácil de explorar a sua curiosidade natural é fazer perguntas. Em vez de aceitar tudo como vê ou ignorar coisas que não fazem sentido para você, questione tudo. No caso do exemplo anterior do trabalho como garçom, você pode questionar por que recebeu mais (ou menos) gorjetas naquele dia do que na véspera; por que o restaurante recebe muitas pessoas de um determinado tipo; ou por que ninguém pede certos pratos do menu. Responder a essas perguntas gera mais perguntas, abre a possibilidade de insights interessantes e exercita os "músculos" da sua curiosidade.

Chip Conley, autor de *Emotional Equations (Equações emocionais)*, define a curiosidade como um fertilizante para a mente. Ele afirma: "Há muitos indícios que sugerem que ela é como o sangue nas veias, uma emoção essencial, afirmativa da vida, capaz de nos manter jovens para sempre". Sabemos que as crianças são naturalmente curiosas, com suas perguntas intermináveis, como por que o céu é azul, por que a água é molhada e por que precisam ir para a cama tão cedo. Infelizmente, essa curiosidade é desvalorizada com respostas como: "Porque eu já disse que sim". Em vez de reagirmos com desdém, faríamos bem em usar essas questões como mote, encorajando as crianças a buscar as respostas por si mesmas. (Como adultos, também podemos fazer isso, buscando respostas ou conduzindo experimentos.) Por exemplo, uma criança que não sabe por que precisa dormir cedo pode fazer um experimento para ver como o corpo se sente com quantidades diferentes de horas de sono. Aprender a responder às próprias perguntas – seja qual for a sua idade – alimenta a curiosidade, a imaginação e a autoconfiança.

Scott Barry Kaufman, o diretor científico do Instituto da Imaginação da Universidade da Pensilvânia, estuda a aferição e o desenvolvimento da inteligência e da criatividade. Um artigo dele recente, intitulado *Da avaliação à inspiração*, discute a importância de nos condicionarmos a sermos curiosos e capazes de nos inspirar. Ele escreve:

"A inspiração nos desperta para novas possibilidades ao nos permitir transcender a experiência comum e as limitações. A inspiração impulsiona a pessoa da apatia à possibilidade e transforma o modo com que percebemos nossas próprias capacidades. Algumas vezes, a inspiração pode ser negligenciada por conta da sua natureza imprecisa [...]. Mas, como mostram pesquisas recentes, ela pode ser ativada, capturada e manipulada, além de ter um efeito significativo em desenlaces importantes da vida."

Em seguida, Scott descreve coisas que se pode fazer para aumentar a capacidade de se inspirar, incluindo abrir-se para novas experiências, ter uma atitude positiva, cercar-se de pessoas que sejam um exemplo inspirador e reconhecer o poder da inspiração na vida. Essencialmente, curiosidade e inspiração são tipos de mentalidades que conseguimos controlar. Ao alimentá-las, desbloqueamos incontáveis oportunidades.

Meus colegas Bill Burnett e Dave Evans dão uma disciplina em Stanford chamada Projetando a Sua Vida. Nela, ajudam jovens a desbloquear a curiosidade e a imaginação e a explorar e avaliar as possibilidades diante deles. Para isso, Bill e Dave oferecem ferramentas para reenquadrar e testar com protótipos as visões alternativas de carreira e chamam diversos profissionais para compartilharem a própria jornada. Dessa maneira, os estudantes são expostos a uma enorme gama de possibilidades. O trabalho final é elaborar três versões completamente diferentes dos próximos cinco anos da vida deles. Aprendem assim que cabe a eles inventar o próprio futuro e que eles têm o poder de escolher qual visão tornar realidade.

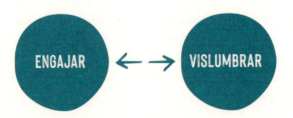

Também são ensinados que é raro alguém seguir um caminho em linha reta e que, conforme as experiências acontecem, forma-se uma relação complexa entre visão e revisão.

Houve muitos momentos da minha vida em que, como Scott Harrison, eu busquei um novo rumo. Em todas as vezes, candidatei-me para um número sem fim de empresas e sempre imaginava como seria trabalhar em cada uma delas, tendo em mente que cada organização me abriria um novo mundo de oportunidades. Eu iria parar num laboratório, num escritório de empresa, numa sala de aula ou num navio de exploração? Todos esses lugares eram possíveis.

Há dezesseis anos, deparei-me com a descrição do cargo de assistente de diretor do Programa de Empreendimentos Tecnológicos de Stanford (STVP), o então novo centro de empreendedorismo da Escola de Engenharia de Stanford. Parecia interessante, mas amassei o papel e joguei fora. Puxa, eu tinha muito mais experiência do que a vaga exigia, e o salário era muito baixo.

No dia seguinte, tirei o pedaço de papel da lixeira e o estiquei. Por que não me candidatar? Pelo menos mal não ia fazer, certo? Acabou que, à medida que recebia informações durante o processo de entrevista, fui me encantando com a oportunidade. No fim das contas, fiquei feliz ao ser selecionada. Apesar de o nível do cargo ser baixo, eu teria a chance de trabalhar com uma equipe incrível numa iniciativa nova e empolgante.

Depois de abrir aquela porta, absorvi tudo que podia a respeito de empreendedorismo e inovação. Fui voluntária de cada vez mais projetos e adquiri conhecimento e experiência. Quanto mais eu aprendia, mais oportunidades surgiam. No decorrer dos anos, meus colegas e eu lançamos cursos novos, desenvolvemos parcerias internacionais e construímos uma plataforma on-line para compartilhar nosso conteúdo. Com base no sucesso dessas iniciativas, levantamos recursos para aumentar a equipe, o que permitiu a expansão contínua do STVP. Escrevi livros sobre o que aprendi e fui recompensada de diversas maneiras, inclusive com a oportunidade de viajar mundo afora para compartilhar nossos feitos e ajudar as pessoas a elaborar programas de empreendedorismo.

Nenhuma dessas funções estava na descrição inicial do cargo; elas foram desenvolvidas ao longo dos anos, com cada vez mais engajamento.

E ninguém me deu um mapa desse percurso – eu mesma tive que inventá-lo. Aliás, quando conseguimos um emprego – qualquer emprego –, não nos é dado *somente* aquela ocupação, mas, acima de tudo, as chaves do prédio. Está em suas mãos decidir aonde elas vão levar você.

Muitas vezes refleti sobre o que teria acontecido se eu tivesse recebido as chaves de outro prédio. O que sei com certeza é que cada lugar conteria um mundo de possibilidades à espera de ser desvendado. Ao caminhar pelo campus de Stanford hoje em dia, costumo pensar em outros temas que teriam atiçado a minha curiosidade, da reforma educacional à mudança climática. Se eu tivesse entrado em outra porta, teria surgido um caminho totalmente diferente e igualmente estimulante.

Com o tempo, aprendi que qualquer coisa é interessante quando você se aproxima com curiosidade. Logo após a pós--graduação, fiquei dois anos numa empresa de consultoria de gestão. Como assistente júnior, me colocaram num projeto que precisava de sangue novo, independentemente do meu interesse ou conhecimento. Ora eu estava na equipe de construção de uma usina nuclear, ora na de infraestrutura de telecomunicações, ora na de planos de benefícios para gestão hospitalar. Em todas elas, eu chegava sem saber nada e aprendia sobre a área. Dentro de algumas semanas, ficava claro que todas eram fascinantes, mergulhadas em um contexto histórico e social, complexas devido aos requisitos técnicos e cheias de oportunidades de melhorias.

Esse interesse que é cultivado se parece com o que ocorre quando vemos um filme ou lemos um livro. Na maioria das vezes, somos introduzidos a personagens bem diferentes daqueles que encontraríamos no dia a dia, como um alienígena de outro planeta, uma pessoa com uma deficiência rara, alguém que vive em outra época ou lugar ou até mesmo um animal. Em poucos minutos, entramos no mundo deles, aprendemos os desafios que enfrentam, sentimos empatia e nos importamos com o destino deles. Isso é verdade para qualquer disciplina: quanto mais imerso você estiver e mais curioso for, mais interessante ela vai se tornar, e mais oportunidades você vai enxergar.

Na essência, o engajamento é o primeiro passo para imaginar o que pode acontecer. Demanda imersão ativa, e não somente observação à distância. Imersão e curiosidade revelam insights e oportunidades escondidas à primeira vista. Se o seu objetivo é identificar uma meta e progredir até conquistá-la, o primeiro passo é se engajar de forma ativa. Isso permite que você viva conscientemente cada momento, identifique padrões que possam ajudá-lo e descubra oportunidades. Não importa em que momento da vida você está, pois pode sempre voltar a esse primeiro princípio. O engajamento é a chave mestra que abre qualquer porta.

PROJETOS

1. Passe uma hora em silêncio observando um local. Pode ser qualquer lugar – uma cafeteria, o seu escritório, uma rua, um parque ou a sua casa. Faça o maior número possível de observações. Pense no impacto delas e identifique todas as oportunidades de melhoria que puder.

2. Procure ofertas de emprego na sua região, mesmo que esteja trabalhando. Selecione três vagas completamente diferentes e escreva um parágrafo para descrever os possíveis caminhos que elas abrem. Considere primeiro a descrição do cargo no anúncio.

CAPÍTULO 2
VISLUMBRE: O MUNDO INTEIRO É UM PALCO

O que corridas de carro têm a ver com imaginação? Tudo. Com certeza, é assim que pensa Julia Landauer. Ao se preparar para uma corrida, ela passa longas horas repassando mentalmente a experiência, o que inclui os detalhes de cada curva e o melhor trajeto para percorrer o circuito. Ela visualiza a corrida perfeita, a sensação de vencer e o grito da torcida quando for receber o prêmio.

O ato de vislumbrar cada detalhe é a chave para tornar realidade os objetivos de Julia. Ela desenvolveu essa habilidade quando era aluna de Stanford. Naquela época, tinha muito menos tempo para treinar do que os oponentes e se preocupava se acabaria ficando para trás. Ela se convenceu de que não deixaria isso atrapalhá-la e compensou as horas ausente da pista passando tempo focada em visualizar a experiência que teria se estivesse na corrida. Criou mantras pessoais que a colocavam no estado mental adequado e palavras "gatilho" que usava para relaxar.

Julia se baseou nos seus doze anos de experiência de corrida para visualizar, nos mínimos detalhes, cada uma das provas. Assim, quando entrava no carro, ela otimizava cada segundo. Venceu a primeira corrida da temporada duas semanas depois de voltar aos treinos. Até hoje, utiliza essa técnica mesmo quando tem tempo de se preparar para o percurso. Nos dias que antecedem a prova, Julia começa a visualizar a experiência de modo que, quando a partida é para valer, ela já venceu mentalmente a corrida muitas vezes.

A paixão pelas corridas de carro começou quando Julia tinha dez anos. Ela e a irmã cresceram em Nova York, e os pais buscaram um esporte para toda a família. Escolheram corrida de kart, que meninos e meninas poderiam curtir juntos. Após dois anos de experiência, Julia já sabia que se sentia mais feliz quando estava na pista. Amava correr e descobriu que, com a prática, era capaz de se destacar.

Aos doze, leu uma matéria sobre um garoto que participava de corridas de carros, não apenas de kart. Ele serviu de motivação no mesmo instante, e Julia decidiu que era hora de encarar o mesmo desafio. Demorou mais um ano até que fosse autorizada a pilotar carros de corrida, pois precisava ter altura para ver acima do painel. No ano seguinte, aos quatorze, venceu o primeiro campeonato na categoria.

Essa história é rica por vários motivos. Ela reforça a mensagem do capítulo anterior: somente se engajando é possível descobrir as suas paixões. Se Julia não tivesse pilotado um kart, não saberia que corrida é o esporte feito para ela. E, após essa primeira experiência, coube a ela vislumbrar os próximos passos, da vitória em cada corrida à carreira profissional como piloto.

Atletas de todos os esportes usam o imaginário mental para se preparar para desafios físicos. Confira a seguir um breve resumo sobre esse comportamento, escrito pela psicóloga Angie LeVan:

"Considerada uma forma de ensaio mental, a visualização se tornou popular desde que os soviéticos passaram a adotá-la na década de 1970 em competições esportivas. Atualmente, muitos atletas utilizam a técnica, como Tiger Woods, que a pratica desde a pré-adolescência. Atletas experientes usam imagens internas vívidas e com detalhes ricos para visualizar o desempenho completo, empenhando todos os sentidos nesse ensaio mental – o qual também é associado ao conhecimento deles sobre o local do evento."

Ela cita uma frase do jogador de golfe Jack Nicklaus: "Eu nunca dei uma tacada, nem mesmo em treino, sem ter uma imagem muito definida e focada na cabeça". O campeão peso-pesado Muhammad Ali também "usou diferentes práticas mentais para melhorar o desempenho", como a famosa frase "Eu sou o maior".

A capacidade de visualizar tem importância crítica para a imaginação. Infelizmente, à medida que envelhecemos, a maioria de nós não é encorajada a praticar essa habilidade. Após a infância, nós mesmos paramos de contar histórias imaginárias e, em vez disso, preferimos ler ficções escritas por outros. Paramos de fazer trabalhos artísticos e passamos a observar a criação de outras pessoas.

O artista Kevin Meier, que gerencia a Flint Books, faz o que pode para reverter essa tendência. Ele começou a produzir livros que estimulam os leitores a criar as próprias histórias. Cada um tem trinta páginas e dez ilustrações malucas. Cabe ao leitor construir um conto que associe as imagens. O exemplo de ilustração a seguir mostra um homem cercado por livros e meias. O leitor toma o lugar do escritor e decide quem é aquele homem e o que está acontecendo.

Kevin publicou os livros para exercitar a imaginação das crianças. E descobriu que elas montavam histórias incrivelmente diversas ao interagir com as imagens. Por exemplo, quando viu a imagem na página 64, um garoto contou a história de um homem que estava louco para acampar, já outro falou de um pirata em busca da ilha onde viviam guepardos. Cada um deles criou algo novo e interessante com base no mesmo material de apoio.

Todos nós temos a capacidade de inventar ideias altamente criativas quando somos solicitados. Infelizmente, não há muitas ocasiões em que podemos fazer isso. É mais comum nos proporem questões que têm uma resposta "certa", e temos receio das consequências se dermos a resposta "errada". Essa tendência de se precaver das consequências é notada num experimento conduzido por Elad Segev e Odelia Kohn-Oppenheim, que dão aula para crianças superdotadas em Israel. No final de uma prova, eles passaram aos alunos da terceira série uma questão com pontuação extra. Em alguns testes, o enunciado dizia: "Quem terminar o desenho do modo correto vai ganhar um ponto". Em outros, apenas: "Complete o desenho". Nos dois casos, havia abaixo um triângulo simples.

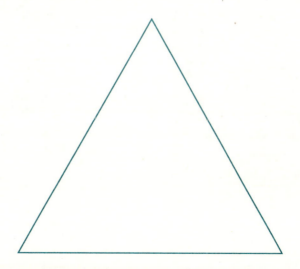

Entre os alunos solicitados a completar a pintura "do modo correto" em troca de um ponto extra, oitenta por cento desenharam uma mera casa, na qual o triângulo servia de teto, e na média usaram duas cores. Já os que receberam a instrução de "completar a pintura" entregaram uma diversidade enorme de desenhos. Ninguém desenhou uma casa, e a média de cores usadas foi cinco. Veja a seguir alguns exemplos.

Muitas das instruções que recebemos na vida sufocam sem querer a livre expressão e a imaginação. Pense na diferença entre um kit de tintas e um bloco de papel em branco e essas mesmas tintas e um livro de colorir. Ou na diferença entre uma caixa de Lego sem as instruções e uma que vem com páginas e páginas de orientações sobre como montar um castelo ou um foguete preestabelecidos.

Nos anos 1970, a Lego vendia blocos de encaixar coloridos sem instruções específicas: eram projetados para a imaginação ilimitada. Com o tempo, a companhia começou a vender mais kits projetados para montar estruturas específicas e segmentou quais seriam direcionados para meninos ou para meninas. A carta aos pais a seguir, de 1974, vinha com as caixas de Lego. Essa mensagem viralizou recentemente nas redes sociais, pois as pessoas se lembraram da época em que esse brinquedo não era vendido com "uma resposta certa":

AOS PAIS:

O desejo de criar é igualmente forte em todas as crianças. Meninos e meninas. O que conta é a imaginação. Não a habilidade. Você constrói o que quer que venha à cabeça, do jeito que quiser. Cama ou caminhão. Casa de boneca ou espaçonave. Muitos meninos gostam de casas de boneca. Elas são mais humanizadas do que as espaçonaves. Muitas meninas preferem espaçonaves. São mais interessantes do que as casas de boneca. A coisa mais importante é colocar o material certo na mão das crianças e deixá-las criar o que atrair a atenção delas.

Com o tempo, a Lego foi se afastando dessa ode à imaginação para oferecer kits pré-fabricados com a foto do produto já montado na caixa. Uma vez que a criança via a espaçonave incrível ou o navio de pirata modelados pelos engenheiros da empresa, a imaginação dela ficava povoada, e ela seguia as instruções fielmente. Isso pode ter sido uma excelente decisão para os negócios da Lego, mas foi um prejuízo imenso para milhares de crianças que perderam uma oportunidade de imaginar sem limites.

Imaginação não é só brincadeira de criança. Nós a usamos para vislumbrar o cenário da nossa própria vida. Quanto mais imaginativos somos, mais vivamente conseguimos evocar os possíveis caminhos. Se a imaginação for limitada, estamos condenados a um pensamento pequeno e a fazer a mesma coisa que todo mundo, com pouquíssimas variações.

Ter imaginação fértil é o primeiro passo para conquistas extraordinárias. É só se lembrar de Jeff Bezos, fundador e principal executivo da Amazon. Quando abriu a empresa, em 1995, ele vislumbrou a si mesmo gerenciando um empreendimento gigante de alcance global. Escolheu "Amazon" por conta do maior rio do mundo e da lendária nação de mulheres guerreiras segundo a mitologia grega. O nome foi definido para indicar que a pequena startup um dia seria monumental.

Ou então lembre do famoso discurso de Martin Luther King, *Eu tenho um sonho*. O sonho da igualdade racial – a visão dele para o futuro – deu início a todo um movimento social. Ele compartilhou esta visão: "Meus quatro filhos pequenos um dia viverão numa nação onde não serão julgados pela cor da pele, mas pelo conteúdo do caráter".

Cabe a nós criar nossos próprios sonhos. Um forte exemplo disso é o ex-aluno de Stanford Kai Kight. Formado em violino clássico, recentemente Kai percebeu que estava vivendo o sonho de outra pessoa. Após a mãe dele ter sido diagnosticada com câncer de mama, ficou evidente que ela não realizaria o sonho de gerenciar uma joalheria. Isso motivou Kai a assumir o controle da própria vida e construir o futuro que ele queria. Por conta da formação em música clássica, ele começou a compor e a fazer shows com as próprias músicas. A reação às criações dele tem sido maravilhosa, e Kai teve várias oportunidades de se apresentar. Essa resposta afirmativa reforçou a mensagem de que ele é mestre dos próprios sonhos. Esses insights foram compartilhados na TEDx talk de Kai, intitulada *Compondo o seu mundo*.

Vislumbrar um futuro audacioso é tão importante para empresas que querem se manter relevantes num mundo em constante transformação quanto para indivíduos. É por isso que empresas como o Google estimulam o pensamento imaginativo. Larry Page, principal executivo do Google, é conhecido pelo seu apoio entusiasmado das "idas à Lua" – ou seja, projetos ousados que têm potencial de se tornarem lendários. Numa entrevista na revista *Wired*, em 2013, Larry Page explicou seu pensamento:

"Com certeza, a melhoria incremental vai se tornar obsoleta nos próximos anos. Principalmente na área de tecnologia, na qual já sabemos que ocorrem mudanças não incrementais [...]. Grande parte do meu trabalho é fazer as pessoas se concentrarem em coisas que não são apenas incrementais. Veja o Gmail. Quando o lançamos, éramos uma empresa de busca na internet – foi um salto e tanto lançarmos um serviço de e-mail, ainda mais um que dava aos usuários cem vezes mais espaço de armazenamento do que qualquer outro no mercado. Isso não teria acontecido naturalmente se estivéssemos focados apenas em melhorias incrementais."

Numa entrevista posterior na *Fortune*, Page explicou algumas das novas idas à Lua da empresa, que criaram projetos relacionados a robótica, drones, casas automatizadas, lentes de contato com monitoramento de glicemia e remédios para combater o envelhecimento. Ele está à procura de "questões de zero milhões de dólares a serem pesquisadas" – desafios em que nenhuma pessoa do planeta esteja trabalhando. O executivo acredita com fervor na filosofia do cientista da computação Alan Kay de que "a melhor maneira de prever o futuro é inventá-lo".

Professor da Insead, uma escola internacional de pós--graduação em Negócios, Filipe Santos fez doutorado em Stanford. O trabalho dele enfoca como as empresas definem seus limites de atuação, os quais determinam as oportunidades que serão identificadas. Como nós, as companhias são cegas para oportunidades que não cabem nas fronteiras artificiais que construíram para seus negócios. Assim, se tivesse se definido apenas como uma empresa de busca na internet, o Google jamais teria desenvolvido carros com piloto automático; se a Amazon tivesse se enxergado somente como uma livraria, jamais teria expandido seus serviços on-line; e, se o Facebook fosse simplesmente uma rede social, jamais teria se aventurado no âmbito da realidade virtual.

A importância disso é crítica: as fronteiras que você estipula são autoimpostas, limitadas pelo que imagina para si mesmo. Se vai disputar uma corrida, uma eleição ou a vaga numa empresa, a visão que criou para si mesmo define o que consegue conquistar. Isso é verdade seja a sua visão modesta ou monumental. Com a imaginação, você dá início à jornada. E, quando enxerga o destino, consegue desvendar o caminho a percorrer. Lá no começo, os candidatos à presidência dos Estados Unidos, os atores que vão atuar na Broadway e os nadadores que vão atravessar o Canal da Mancha se atribuem um propósito – a imagem de algo que ainda não aconteceu. Como disse Albert Einstein: "A imaginação é tudo. É a prévia das próximas atrações da vida."

Todos nós tomamos uma decisão – ativa ou passivamente – sobre o palco no qual vamos imaginar a nossa vida. Para alguns, é a família; para outros, é a escola ou a empresa; ou ainda a comunidade local ou o cenário mundial. Cada palco nos permite ver o mundo de forma diferente, bem como o espaço que iremos ocupar. A qualquer momento, podemos mudar nossa visão do palco em que estamos imaginando a nossa vida.

Por exemplo, caso invente um biscoito que tenha um grande diferencial, você pode assar alguns para apreciá-los e dividir com a família. Pode montar caixas de biscoitos e dar aos amigos. Pode vendê-los no mercadinho mais próximo, abrir uma loja no seu bairro ou até mesmo montar uma rede de lojas de biscoitos nacional ou internacional. Seu palco cresce à medida que aumenta o alcance e o impacto que quer ter. A visão que você tem é um pré-requisito para o que vai conquistar. Se o seu objetivo é ter uma loja de biscoitos bem-sucedida na vizinhança, então ficará satisfeito com esse resultado. Num outro cenário, se a sua meta é gerenciar uma empresa de biscoitos internacional, aí você vai enxergar e aproveitar as oportunidades para fazer isso dar certo.

Foi exatamente o que aconteceu com Nancy Mueller, que fundou em 1977 a Nancy's Specialty Foods, em Palo Alto, na Califórnia. Tudo começou quando ela fazia grandes levas de miniquiches para as festas que dava no fim do ano. Eram tão saborosos que os amigos a incentivaram a vendê-los. Após aceitar o desafio, Nancy começou a vender quiches na vizinhança, distribuindo-os em caixas que carregava num freezer no porta-malas do carro. Poderia ter feito só isso, mas ela não parou por aí. Animada com o sucesso, ampliou sua visão do negócio, que continuou a crescer com as vendas. Em 1993, a Nancy's Specialty Foods tinha duzentos e cinquenta empregados, vendia trinta milhões de dólares por ano e oferecia produtos em várias redes de mercados do país, como Safeway, Giant e Farm Fresh. Por fim, Nancy vendeu a empresa para a Heinz Foods, que continua fabricando os quiches. Ou seja, ao longo do tempo ela expandiu a visão do tamanho do palco em que estava atuando, o que permitiu que identificasse novas oportunidades que não teria visto num palco menor.

Eu sei o que é ser tanto motivada quanto limitada pela própria visão. Em 1991, após lançar meu primeiro livro, percebi que as pessoas precisavam de ajuda para encontrar mais facilmente o que queriam ler – inclusive o meu *The Epicurean Laboratory* (O laboratório de Epicuro). Ele fala sobre a química da culinária e, infelizmente, acabou na seção de livros de receita das livrarias, e não na de ciência, onde a maioria dos potenciais leitores poderiam descobri-lo.

Esse problema me inspirou a abrir uma empresa de multimídia que indicava livros conforme o perfil do consumidor. Desenvolvi um quiosque interativo para ser instalado em livrarias, que possibilitava que os clientes procurassem livros por assunto, autor ou título. Chamei o serviço de BookBrowser (observe que isso foi em 1991, muitos anos antes da invenção dos navegadores de internet). Apesar de não ter experiência nenhuma no gerenciamento de uma empresa de tecnologia, meu objetivo era desenvolver e entregar o produto e ter sucesso o suficiente para vender a empresa em dois anos.

Foi exatamente isto que aconteceu: montei o negócio e o vendi dois anos depois. Olhando para trás, essa empresa tinha um potencial substancialmente maior do que consegui imaginar. Meu objetivo limitado, no entanto, também limitou as oportunidades que eu enxergava. Se eu almejasse construir uma grande empresa sustentável, teria mais probabilidade de criar novas oportunidades, contratar funcionários capazes de me ajudar a expandir o escopo de atuação e superar os desafios que precipitaram a venda do negócio. Qualquer um que abrir uma empresa vai encarar obstáculos. Contudo, só aqueles que vislumbram um futuro no qual esses desafios já foram superados têm uma alta probabilidade de removê-los. Como afirmou Henry Ford: "Obstáculos são as coisas amedrontadoras que vemos quando desviamos o olhar do nosso objetivo".

Quem não consegue visualizar um caminho para o sucesso está condenado a desistir muito antes daqueles que sabem que vão encontrar a solução. Meu colega Steve Blank, que trabalhou na criação de oito empresas, diz que cria uma visão do que quer conquistar e em seguida remove metodicamente cada obstáculo no caminho. Quando penso na BookBrowser, reconheço que havia várias maneiras de eliminar as dificuldades que surgiram sem precisar vender a empresa. Porém, na época, estava limitada pela minha visão do que eu era capaz de conquistar. Minha visão da empresa e de mim mesma enquadrou o escopo daquela oportunidade.

A boa notícia é que o que vislumbramos para nós mesmos é completamente maleável e pode ser alterado num instante. Isso aconteceu com Ann Miura-Ko. Ela cresceu em Palo Alto, na Califórnia, filha de um cientista, e supôs que se tornaria médica ou pesquisadora. Estudou Engenharia Elétrica em Yale e, na ocasião, assumiu uma vaga no escritório do decano para trabalhar como secretária e ajudar a pagar a faculdade.

Um dia, no inverno de 1992, o decano perguntou a ela se poderia levar um visitante para um *tour* pela Escola de Engenharia. Durante o passeio, o convidado ficou sabendo que Ann era de Palo Alto e a convidou para acompanhar o trabalho dele quando ela voltasse para casa no feriado de primavera. Ann indagou o que ele fazia e recebeu como resposta que era o presidente da Hewlett-Packard. Admirada, ela aceitou o convite de Lew Platt.

Enquanto o acompanhava na Hewlett-Packard, Ann pôde vê-lo em ação, comandando reuniões e tomando decisões. Em dado momento, Platt sugeriu que tirassem uma foto no escritório, na qual ela está de frente para ele, sentada num sofá branco. Algumas semanas depois, chegou uma carta pelo correio com a foto de Ann e Lew, além de outra tirada na mesma semana naquela sala. Dessa vez, Lew Platt estava sentado de frente para Bill Gates, o presidente da Microsoft, enquanto eles assinavam uma parceria.

Ann olhou para as duas fotografias tiradas do mesmo ângulo, na mesma sala, nas quais cada convidado aparece sentado no mesmo sofá branco. Naquele momento, enxergou a própria vida de um jeito diferente. Os portões do futuro dela se abriram, e ela visualizou a si mesma como líder de uma empresa global. Era inteligente e motivada, mas nunca havia considerado que poderia atuar no palco global. Tudo mudou naquele instante.

Vamos avançar para 2015. Ann agora é sócia do Floodgate Fund, em Palo Alto, que abriu com Mike Maples em 2010, após defender o doutorado em Engenharia em Stanford. O trabalho dela é orientar startups recém-lançadas que têm impacto global, e foi reconhecida como um dos líderes mais influentes do Vale do Silício.

Como mostra a história da Ann, a maioria das pessoas não questiona o palco em que vive ou não se sente confortável para ampliar o seu escopo de impacto. Mas um único instante pode mudar essa visão. Uma conversa, um livro, um filme ou até uma fotografia pode alterar como você vislumbra o seu futuro.

Michael Tubbs é outro exemplo incrível. Ele cresceu em Stockton, na Califórnia, nos anos 1990. A mãe engravidou dele na adolescência, o pai estava preso. A cidade era muito pobre, afetada pela criminalidade e pelo desemprego. Apesar desse começo complicado, Michael sonhou alto e se destacou na escola, sendo aceito em Stanford. Quando fazia um estágio em Washington, recebeu uma ligação da mãe dizendo que o primo dele tinha sido assassinado. Naquele momento, sentiu-se compelido a realizar mudanças na sua comunidade e decidiu concorrer nas eleições locais.

No começo, Michael achou que precisaria de anos de trabalho e experiência, além de mais estudos, para se candidatar a um cargo político. Descobriu, porém, que tudo de que precisava era ter mais de dezoito anos e receber cinquenta por cento dos votos. Então, antes de se formar em Stanford, foi candidato ao conselho municipal de Stockton e venceu, tornando-se o mais jovem servidor eleito da história da cidade. Ele exerce o cargo há dois anos e já implementou vários programas de combate ao crime e de incentivo para os jovens concluírem a escola.

A deputada Anna Eshoo é um exemplo comovente de alguém que ampliou o escopo da visão de si já numa idade avançada. Os pais dela são imigrantes e a criaram em Connecticut, incutindo nos filhos desde cedo as responsabilidades como cidadão e o amor pela nação. Ela nem sequer imaginava que um dia iria se candidatar e ser eleita para um dos cargos mais altos do país.

Em 1979, Eshoo concorreu a uma bolsa na prestigiosa Fundação CORO, em São Francisco, voltada para a educação sobre estruturas sociais. Ela estagiou no setor público, no escritório de Leo T. McCarthy, então presidente da Assembleia da Califórnia.

Mais tarde, ele se tornou mentor de Eshoo e a incentivou a se candidatar para um cargo eletivo – ideia que até então não tinha passado pela cabeça dela.

Em 1982, Eshoo aceitou o desafio e concorreu a uma vaga no Conselho de Supervisores do Condado de San Mateo. Foi eleita e serviu dez anos no conselho. Por conta do histórico de sucesso no legislativo, em 1988, Eshoo foi novamente encorajada a se candidatar, dessa vez para o Congresso – para ela, essa sugestão era comparável a tentar a presidência! A ideia abriu a cabeça dela e, enfim, ela decidiu se arriscar nesse palco maior. Foi candidata a deputada e perdeu para Tom Campbell por apenas dois pontos percentuais. Em 1992, Campbell deixou o cargo para concorrer ao Senado americano. Eshoo se candidatou de novo e dessa vez venceu. Em janeiro de 1993, pela primeira vez, fez o juramento para ingressar na Câmara dos Deputados dos EUA.

A deputada me disse que, a cada etapa, precisou "ir fundo" para tomar uma decisão, exorcizar os demônios pessoais e trabalhar a autoconfiança até alcançar um palco maior. Os dias no Congresso são lotados de questões nacionais e internacionais conturbadas, de energia a direitos humanos, saúde, pesquisa biomédica, tecnologia e a economia americana.

Eshoo explica aos eleitores o trabalho legislativo que desenvolve e lê tudo que enviam para ela. Cada vitória legislativa após uma longa batalha a impulsiona a encarar a próxima leva de desafios.

O sucesso da deputada reflete pesquisas segundo as quais não basta visualizarmos o que queremos conquistar. Na verdade, o tiro pode até sair pela culatra! É preciso não só imaginar o futuro que se espera alcançar, mas também vislumbrar os obstáculos a serem vencidos no caminho.

As cientistas Heather Barry Kappes, da NYU, e Gabriele Oettingen, da Universidade de Hamburgo, descobriram que se deixar levar por fantasias positivas sobre um futuro desejado é um indicativo de desempenho insatisfatório. Os experimentos das pesquisadoras demonstraram que visualizar um resultado atraente diminuiu a disposição dos participantes da pesquisa. De acordo com a hipótese de Kappes e Oettingen, a redução da disposição tanto física quanto psicológica inibe a motivação necessária para atingir objetivos. Portanto, elas sugerem que visualizar *tanto* o resultado *quanto* o que precisa ser feito para alcançar aquele objetivo é fundamental para manter a energia indispensável para o sucesso. Para ir direto ao ponto: você não deve ser só um sonhador; seus maiores sonhos precisam ser baseados num entendimento realista do que é necessário para alcançá-los. Nesse sentido, o Ciclo da Invenção oferece um referencial ao elucidar as atitudes e ações fundamentais para dar vida aos seus sonhos.

Para muitos, tentar alcançar uma meta ambiciosa é assustador. Às vezes, não acreditamos que pertencemos a um palco maior e temos medo que descubram que não estamos à altura do papel. Conhecida como síndrome do impostor, essa sensação de ser uma fraude e não merecer o sucesso alcançado é surpreendentemente comum. Mais de setenta por cento das pessoas a experimentam em algum momento da vida. É impressionante que tanta gente sinta que está pisando num palco grande demais, do qual não faz parte.

Olivia Fox Cabane disse aos alunos de Stanford no nosso ciclo de palestras *Líderes do Pensamento Empreendedor*:

"Na síndrome do impostor, as pessoas sentem que não têm certeza do que estão fazendo e que seria só uma questão de tempo até serem descobertas e denunciadas como fraude. Estima-se que essa síndrome atinja de setenta a oitenta por cento da população. E ela afeta o topo da hierarquia em empresas e no setor de educação. Sempre que falo sobre isso em Harvard, Yale, Stanford e no MIT, a sala fica tão silenciosa que até daria para ouvir um alfinete caindo. Os alunos suspiram aliviados ao ouvir que essa coisa tem nome e que não são os únicos a passar por isso. Pelo que já escutei, toda vez que perguntam à turma de calouros da Escola de Negócios de Stanford quantos deles se sentem o único erro do comitê de admissão, dois terços levantam a mão imediatamente."

Você pode enxergar esses sentimentos como uma dor que está piorando. Passar para um palco maior causa uma sensação um tanto desconfortável. Há quem já esteja ali há muito mais tempo e pareça bem confortável naquela posição. No entanto, um dia essas pessoas também foram novatas e se sentiram igualmente estranhas. Quando estamos nos esforçando por um papel maior, ou um palco maior, é útil reconhecer as coisas que não sabemos, pedir ajuda e entender que todo mundo se sente (ou já se sentiu) do mesmo jeito. Autoconfiança vem com a experiência, não o contrário. O mundo é cheio de pessoas que servem de exemplo do que pode ser alcançado. Você descobrirá que cada uma delas venceu dificuldades para conquistar os próprios objetivos – aliás, quanto mais complexos forem, mais superação eles exigem.

Se você quer conseguir alguma coisa por mérito, precisa começar com uma visão clara da sua meta. Essa visão, como descrito no capítulo anterior, está intimamente ligada às suas experiências. Esta é a essência da imaginação: ao se engajar ativamente no mundo, você identifica problemas e oportunidades e então vislumbra como encará-los. Todas as grandes empreitadas e aventuras começam com a imaginação, que, por sua vez, nos leva à próxima etapa do Ciclo da

Invenção – a criatividade. É nela que você usa a imaginação para lidar com o desafio escolhido. Os dois capítulos a seguir abordam a importância da motivação e da experimentação para abrir o caminho rumo aos seus objetivos.

TODAS AS GRANDES EMPREITADAS E AVENTURAS COMEÇAM COM A IMAGINAÇÃO

PROJETOS

1. Invente a sua própria história, usando a ilustração de Kevin Meier na página 64.

2. Pense no mundo como um conjunto de palcos, da sua cidade natal ao mundo inteiro. Em qual palco você está no momento e em qual imagina a sua vida no futuro? Pegue a carta que você já escreveu e edite, se necessário, para acrescentar novos objetivos.

3. Escolha um papel que você desempenha no presente e imagine o palco se expandindo. Como seria esse papel num palco maior? O que você teria que fazer para se adaptar a um espaço mais amplo?

4. Quais são os obstáculos no caminho até o seu objetivo? Quais deles são externos e quais são internos?

PARTE DOIS

CRIATIVIDADE: MOTIVE-SE E EXPERIMENTE

Meus pais amam ópera e consideram uma grande decepção a minha falta de entusiasmo por essa forma artística. Mais do que isso, eles observam o público dos espetáculos e analisam, fileira por fileira, os espectadores com cabelos grisalhos, além de terem ficado tristes quando a Ópera Municipal de Nova York, que estreou em 1943, fechou as portas por falência, em 2013. Patronos que estão envelhecendo é um problema rondando todas as artes tradicionais, como teatro, balé e música clássica. Tanto eles quanto os artistas se perguntam como atrair nas próximas décadas o público para essas formas de entretenimento tão duradouras. Como qualquer outro problema, é uma oportunidade para o pensamento criativo.

O mundo do entretenimento mudou significativamente ao longo dos anos, e empresas criativas veem isso como uma chance de renovar, pois sabem que, se não o fizerem, correm o risco de desaparecer. A motivação profunda e o comprometimento para resolver o problema dessa indústria gerou muita experimentação interessante. Este é o cerne da criatividade: *recorrer à sua motivação para lidar com uma oportunidade e depois experimentar até encontrar a solução*. A criatividade se baseia na imaginação. Nada vai acontecer em relação aos objetivos que imaginou a não ser que você esteja motivado a experimentar soluções criativas para alcançá-los.

Um caso exemplar é a Orquestra de Cleveland, que estabeleceu o objetivo de atrair o público mais jovem da sua história quando completasse cem anos, em 2018. A orquestra, de nível internacional, precisava de soluções criativas para trazer novos espectadores para a sala de concertos. Assim, apoiadores lançaram o Centro para Públicos Futuros, com a missão de mobilizar espectadores da pré-escola à faculdade. Em 2014, a iniciativa havia aumentado o número de jovens na sala de concertos de oito para vinte por cento. Para isso, solicitaram a ajuda de jovens "embaixadores" que promoviam eventos, ofereceram passes de estudante e organizaram concertos de curta duração nas noites de sexta-feira, seguidos de uma festa.

A experimentação criativa para expandir o público das artes pode ir além. Uma companhia teatral em Nova York percebeu que muitos frequentadores do teatro precisam de entretenimento – e de uma soneca! Decidiu então convidar as pessoas para fazer as duas coisas. O espetáculo *Sonho numa câmara vermelha* foi montado para fazer o público dormir – todos tiram os sapatos e se deitam em camas, cercados por atores que usam um figurino elaborado e cantam músicas de ninar relaxantes. Essa ideia explorou como seria criar músicas para aquele terço da vida em que estamos dormindo.

Outro experimento transformou *Macbeth*, de Shakespeare, numa peça em vários palcos. *Não durma mais*, em Nova York, oferece uma experiência teatral de imersão. Essa produção premiada convida o público a se movimentar livremente pela história, visitando diferentes salas, onde são apresentadas cenas específicas da peça. Realizado num prédio de cinco andares, o espetáculo utiliza dezenas de sets, como um hospício, um consultório médico, muitos quartos, um cemitério e um salão de bailes. Ninguém fala nada – nem os atores, nem o público. Todos os espectadores usam máscaras, e cada um tem uma experiência única.

Esses são exemplos de criatividade em ebulição, incentivada pela *motivação* de tornar a música clássica e o teatro relevantes para o público mais jovem e pela disposição para *experimentar* soluções. Alguns experimentos dão certo e são implementados em larga escala, enquanto outros fornecem dados valiosos sobre o que funciona e o que não funciona. Os dois capítulos seguintes exploram como a motivação alimenta a experimentação criativa.

Don Wettrick dá aulas no ensino médio em Indiana e, há alguns anos, virou a sala de aula de cabeça para baixo. Depois de assistir à TED talk do autor Daniel Pink sobre motivação, ele percebeu que estava perdendo a oportunidade de explorar as paixões dos alunos para motivá-los a estudar. Don decidiu experimentar as ideias de Pink e ver o que aconteceria.

No livro *Motivação 3.0 – Drive*, Daniel Pink define três elementos fundamentais da motivação: autonomia, domínio e propósito. *Autonomia* significa selecionar o que fazemos, como fazemos e com quem trabalhamos. *Domínio* é a oportunidade de sermos bem-sucedidos em tarefas que são difíceis o bastante para serem desafiadoras, mas não a ponto de serem frustrantes. *Propósito* é a possibilidade de trabalharmos em algo que consideramos importante.

Além de se basear no modelo de Pink, Don se inspirou pela forma com que o Google e a 3M encorajam os funcionários a dedicar uma parte do tempo a projetos próprios. Todos os dias, ele pede aos alunos para trabalhar por um período inteiro num projeto à escolha deles. O objetivo final é ensiná-los como explorar a própria motivação para programar o que vão aprender. Os resultados são impressionantes.

No início do curso, os alunos selecionam um projeto. Após anos sem ter essa opção, muitos têm dificuldade de escolher um tema. Para ajudar a turma a seguir em frente, Don transforma as duas primeiras semanas do curso num *brainstorming* sobre possíveis oportunidades para que até os mais ansiosos encontrem alguma coisa que desperte o interesse deles. Os jovens percebem que, quando prestam atenção – como discutimos no capítulo sobre engajamento –, enxergam em todos os cantos oportunidades de fazer a diferença. Não demora para identificarem vários desafios a serem enfrentados na sala de aula, na escola e na comunidade.

O curso de Don tem algumas regras: 1) Os alunos precisam enviar uma proposta formal sobre o projeto deles; 2) Precisam colaborar com especialistas de fora da escola; 3) Precisam criar posts para um blog, com textos e vídeos, para compartilhar o trabalho deles e as descobertas ao longo do processo; 4) Para encerrar o projeto, todos os alunos ou grupos precisam apresentar o que fizeram para pessoas que tenham ligação com aquele tema e negociar a nota do trabalho com o professor (alguns escolhem fazer sozinhos o projeto, outros formam duplas ou trios).

Muitos grupos decidem abordar temas relacionados à escola. Estes são alguns dos resultados já obtidos: ajudar alunos com necessidades especiais a abrir uma cafeteria para integrá-los à comunidade; desenvolver um projeto ecologicamente sustentável para a manutenção dos jardins da escola, ajudar um colega de classe que estava com depressão e acima do peso a retomar o controle da vida. Outros projetos têm objetivos de maior alcance. Por exemplo, Jared está trabalhando num painel solar transparente e já desenvolveu várias versões do produto, que pretende produzir e vender. Mikaela projetou um brinquedo educativo e montou e testou um protótipo. E Jessica está se dedicando a diminuir a poluição luminosa da cidade onde mora.

Em todos os casos, os alunos fazem um planejamento, entram em contato com quem tem os conhecimentos de que precisam, buscam opiniões e orientações de especialistas, descobrem como contornar os obstáculos e compartilham a experiência com o mundo. Nesse processo, percebem que a motivação pessoal é um ingrediente importante, que impulsiona o projeto. Quanto mais motivados se sentem para resolver o problema, mais eles se esforçam para encontrar soluções.

A maioria dos estudantes não tem acesso a esse tipo de experiência. Na verdade, como comentamos no capítulo sobre imaginação, a grande maioria é instruída a seguir cegamente o caminho que outra pessoa escolheu, considerando trabalhos predeterminados com uma resposta correta. Mesmo fora da sala de aula, é mais comum receber recados, tanto diretos quanto indiretos, sobre o que se espera de nós. Tem gente que acorda um dia, após anos de carreira, e se dá conta de que estava seguindo o sonho de outra pessoa, e não o que almejava. O problema é que isso desconecta você da sua motivação interna – o combustível que abastece as suas energias. Quando as coisas ficarem difíceis, vai precisar dela para seguir em frente e ter resiliência.

Sempre falo para os meus alunos que eles são o "cliente" – e não eu. Friso que, depois de anos agradando os professores, os pais e quem elabora testes padronizados, já é hora de cada um deles fazer as próprias escolhas sobre o que quer extrair da experiência da escola e para além dela, motivado por interesses pessoais. Com certeza, essas escolhas trazem consequências, mas cabe a cada um fazê-las. Assim, se o aluno quer se dedicar integralmente a um projeto extracurricular que tenha um significado especial para ele, que siga em frente! Se quer ficar no quarto do alojamento escrevendo códigos de programação para a startup dele, por que não? Pois é, as notas podem cair, mas a decisão é *de cada um*, e não minha. Todos nós precisamos aprender a tirar proveito das nossas motivações internas e a não sermos levados exclusivamente por fatores externos, como o que os outros querem que a gente faça.

Isso está relacionado a pesquisas recentes realizadas por Amy Wrzesniewski, de Yale, e Barry Schwartz, de Swarthmore. Eles estudaram as conexões entre motivações interna e externa (também conhecida como instrumental). A motivação interna é originada da vontade pessoal de conseguir um objetivo, independentemente do que os outros pensam, enquanto a motivação externa vem da validação de fora, como prêmios e reconhecimento. Para a maioria das pessoas e das atividades, existe um equilíbrio entre a motivação interna e a externa.

Na pesquisa, Wrzesniewski e Schwartz queriam determinar se existe um equilíbrio ideal entre esses dois tipos de motivação para otimizar o sucesso. Eles entrevistaram mais de onze mil cadetes da turma de calouros para investigar o que os motivava a ingressar na Academia Militar dos Estados Unidos, em West Point. Analisaram fatores como desejo de se tornar líder, que é uma motivação interna, e a esperança de conseguir um bom trabalho, que é uma motivação externa.

Depois de vários anos, os pesquisadores procuraram quem havia se formado para saber o que estavam fazendo. Notaram uma conexão fascinante entre motivação interna e externa, conforme descrito abaixo:

Não nos surpreendemos ao descobrir que os cadetes com mais razões internas para cursar West Point estavam mais propensos a se formar e se tornar oficiais. Na comparação com quem não tinha motivação interna, não é de se admirar que aqueles que a tinham se saíram melhor no serviço militar (como evidenciado por recomendações de promoção logo no início da carreira). Além disso, esse grupo tem mais propensão a permanecer na corporação após os cinco anos obrigatórios de serviço – a não ser que (e essa é a parte surpreendente) fosse alguém que também tivesse forte motivação instrumental.

Notadamente, os cadetes com forte motivação tanto interna quanto externa para cursar West Point tiveram desempenho inferior em todos os aspectos na comparação com aqueles com forte motivação interna e pouca motivação instrumental. Eles tiveram menos probabilidade de se formar, um desempenho inferior como oficiais militares e menos comprometimento para continuar na corporação.

As implicações dessa descoberta são significativas. Sempre que alguém desempenha bem uma tarefa, normalmente há consequências tanto internas quanto instrumentais... Ajudar as pessoas a se concentrar no significado e no impacto do trabalho delas, e não, digamos, no retorno financeiro, talvez seja a melhor maneira de não apenas melhorar a qualidade do trabalho realizado, mas também – por mais contraintuitivo que possa parecer – obter sucesso financeiro.

Eu já vi isso acontecer bem de perto. Todos os anos, os doze participantes do programa Mayfield, do STVP, trabalham numa startup durante o verão. É parte de um programa de estudos e trabalho com nove meses de duração, focado em liderança empreendedora. No segundo período do ano letivo, os estudantes aprendem estratégias para startups e comportamento organizacional. Depois, nas férias de verão, trabalham numa startup, onde também organizam uma recepção para os colegas de turma. No período seguinte, apresentam um estudo de caso sobre um aspecto fundamental da experiência de trabalho durante as férias.

Alguns anos atrás, enquanto assistia à apresentação de uma empresa que criou um aplicativo para publicidade móvel, percebi que não estava clara a motivação daquele negócio. Não me parecia que a companhia tivesse uma missão primordial nem que tratasse de um problema específico. Na verdade, o dono passou a maior parte do tempo falando sobre dinheiro. Por curiosidade genuína, perguntei com educação o que o motivava. A intervenção certamente o deixou desorientado, e a resposta dele não foi esclarecedora. Ninguém se surpreendeu quando a empresa faliu uns dois meses depois. Era evidente que o empresário não tinha uma motivação significativa para sustentar o negócio diante dos inevitáveis desafios.

Por causa desse dia, nas recepções seguintes nas empresas para os participantes do Mayfield, nunca mais faltou uma pergunta ao fundador do negócio sobre as motivações dele. A variedade e profundidade das respostas é espetacular. Deixa absolutamente claro para nós quais líderes empresariais já haviam pensado na resposta e quais não tinham feito isso. Conforme uma aluna escreveu ao refletir sobre a experiência: "Após uma dezena de encontros com CEOs ao longo das férias, ficou claro que não existe uma receita para se tornar um líder perfeito. O denominador comum é que os bem-sucedidos tinham uma visão clara do futuro do empreendimento e foram capazes de motivar as pessoas para trabalhar incansavelmente rumo a esses objetivos."

A ligação entre motivação e sucesso se aplica à lição de Guy Kawasaki, um ex-"pregador" da Apple que é investidor em tecnologia e autor prolífico sobre empreendedorismo. Ele observou que empresas com uma missão forte têm muito mais probabilidade de obter sucesso do que aquelas focadas apenas no dinheiro. A citação a seguir é da fala de Guy em Stanford durante o ciclo de palestras *Líderes do Pensamento Empreendedor*:

"A primeira coisa que eu descobri e aprendi sobre empreendedorismo, algumas vezes do jeito mais duro, é que o âmago, a essência do empreendedorismo é dar sentido às coisas. Inúmeras empresas são abertas para ganhar dinheiro – a virada rápida, o fenômeno ponto com. Tanto nas companhias que abri quanto nas que trabalhei, percebi que as que fazem a diferença são criadas fundamentalmente para mudar o mundo, para fazer daqui um lugar melhor, para dar sentido às coisas. São essas empresas que terão sucesso."

Ao voltar à sala de aula no ano letivo seguinte, após o estágio, os integrantes do Mayfield têm a oportunidade de explorar o que motiva cada um deles. Rodeando a sala, meu colega Tom Byers e eu pedimos aos alunos para compartilhar o que os estimula. Eles percebem bem rápido que é uma questão difícil de responder. Nossas motivações são complexas e multifacetadas. Algumas são óbvias, como segurança, saúde, amizade e estabilidade financeira, outras são menos evidentes e se baseiam no nosso histórico pessoal e nas dificuldades e inspirações que tivemos.

Um dos convidados frequentes dessa aula é Scott Kriens, ex-presidente da Juniper Networks. Quando ocupava esse cargo, ele conduziu centenas de entrevistas de emprego. Ele conta aos nossos alunos que, em vez de fazer perguntas sobre a experiência dos candidatos, sempre começava com uma questão simples: "Quem é você?". A intenção é revelar a motivação do entrevistado. Um a um, os participantes do Mayfield respondem à mesma pergunta, e mais uma vez percebem o quanto é desafiador. Existem muitas respostas possíveis, e cada uma revela uma camada específica do que nos motiva.

Na maior parte do tempo, a nossa motivação evolui gradualmente, mas às vezes ela é disparada por um único acontecimento. Foi assim com Marie Johnson. Ela era doutoranda em Engenharia Biomédica na Universidade de Minnesota. Tinha uma filha de quatro anos e estava grávida.

Marie trabalhava com outros cientistas num projeto de pesquisa na 3M para projetar um estetoscópio computadorizado capaz de analisar mais detalhadamente a função cardíaca. Ao aprender a usar o aparelho, fez o marido de cobaia e colheu dados sobre ele ao longo de vários meses.

Algo terrível aconteceu quando o projeto já tinha completado um ano: o marido de Marie morreu de ataque cardíaco súbito, logo após sair da academia. Não havia nenhuma suspeita de que ele tivesse um problema cardíaco. A aparência dele era perfeitamente saudável – tinha 41 anos, 1m88cm de altura e 81 quilos. Somente a autópsia revelou que estava com três artérias coronarianas bloqueadas.

Esse trágico evento fez com que Marie buscasse entender o que tinha acontecido e desenvolvesse um modo de identificar aquele tipo de bloqueio antes de o paciente sofrer um ataque cardíaco. Uma semana após a morte do marido, ela começou a estudar estatística e modelos matemáticos para analisar padrões de frequência dos indicadores relacionados a doenças coronarianas. Os dados do falecido marido coletados por Marie serviram de base para o estudo. Sobretudo, eles indicaram como examinar um paciente com doença arterial coronariana e possibilitaram insights para que essa condição perigosa seja detectada o quanto antes.

A empresa de Marie, AUM Cardiovascular, tem a missão de evitar mortes por doença arterial coronariana. O aparelho, simples e portátil, parece um empurrador de *air hockey* e consegue auscultar batidas cardíacas preocupantes. O teste com ele é não invasivo e custa cem dólares, enquanto o anterior sai por mil dólares, de modo que mais pessoas ganham acesso e podem ser diagnosticadas. Marie conta com onze pessoas na equipe, entre elas designers e engenheiros, todos igualmente motivados a sanar esse problema.

Nossas motivações influenciam tudo que fazemos, mas, como nem sempre são óbvias, nosso comportamento pode ser confuso até para nós mesmos. No meu curso sobre criatividade, faço um exercício elaborado para revelar insights a respeito da motivação de cada um. Começo desenhando uma grande matriz 2 x 2 no quadro – a Paixão fica no eixo X e a Autoconfiança no eixo Y.

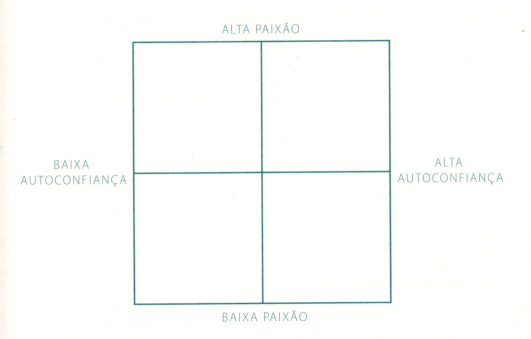

Os alunos preenchem quatro notas autoadesivas, uma para cada quadrante, e as colocam no espaço adequado. No quadrante superior direito, colam uma atividade pela qual têm alta paixão e alta autoconfiança; no superior esquerdo, uma pela qual têm alta paixão e baixa autoconfiança. Nos quadrantes inferiores, afixam uma atividade pela qual têm baixa paixão e alta autoconfiança e uma pela qual têm baixa paixão e baixa autoconfiança. Para algumas pessoas, esse exercício é bastante complexo, já que não estão acostumadas a usar esses termos para classificar suas atribuições.

Por fim, discutimos os resultados. Fica evidente que gastamos um bom tempo fazendo as coisas do quadrante superior direito. O engajamento ativo gera autoconfiança, que, por sua vez, reforça a paixão. Temos motivação para nos dedicar a essas atividades porque é prazeroso ter o domínio de habilidades relevantes.

Para mim, a docência está nesse quadrante. Tenho relativa autoconfiança nas minhas habilidades e estou altamente motivada para continuar aperfeiçoando meu conhecimento e minhas técnicas com a prática.

No quadrante superior esquerdo, estão as coisas que dizemos que *queremos* fazer, mas normalmente *não* fazemos. Falta autoconfiança porque não treinamos muito essas habilidades. Seja cantar, esquiar ou aprender uma nova língua, há algo nos impedindo de nos engajar totalmente. Só iremos dedicar o tempo e a energia necessários para levar a atividade para o quadrante superior direito se aprofundarmos nosso compromisso com ela. Para mim, os exercícios físicos se encaixam nessa categoria. Tenho motivação para manter a forma, mas não separo tempo suficiente para atingir plenamente os meus objetivos.

Os itens no quadrante inferior esquerdo representam atividades que não temos interesse nenhum em praticar. Não sentimos paixão por elas e nem nos sentimos autoconfiantes. É ótimo terceirizar essas tarefas para pessoas que as curtem. Para mim, é o caso do pagamento de contas, que terceirizo com prazer para o meu marido. Outra alternativa é buscar artifícios para nos motivar. Se essas são tarefas que *precisamos* realizar, é possível reenquadrar nosso modo de pensá-las. Podemos nos concentrar no resultado, e não no processo, procurar formas de tornar a tarefa mais prazerosa ou nos proporcionar recompensas ao longo do caminho. Por exemplo, se preciso pagar contas, posso pôr para tocar minha música favorita e planejar algo recompensador para fazer quando terminar.

O último quadrante comporta coisas pelas quais sentimos alta autoconfiança mas baixa paixão. É o quadrado mais interessante porque abarca o que já dominamos, mas não curtimos fazer. Uma opção é questionar por que não estamos motivados. Em alguns casos, desistimos de nos cobrar quando alcançamos um nível mínimo de habilidade ou ficamos entediados com a repetição. Aumentar a nossa motivação nos permite alcançar o próximo nível de conhecimento.

Cozinhar é uma dessas coisas para mim, pois eu já gostei bastante dessa atividade. Depois de alcançar um nível básico de habilidade culinária, no entanto, parei de aprender receitas novas e fiquei repetindo os mesmos cardápios. Se estivesse mais motivada, iria aprender novas receitas e técnicas. Ao entender que a falta de vontade é escolha nossa, passamos a controlar no que focar a nossa energia. E cabe a cada um de nós decidir se vamos aprofundar nosso compromisso com os itens no quadrante inferior direito.

Já vi pessoas que mudaram rapidamente de um quadrante para outro. Alguns anos atrás, uma pessoa na nossa equipe no STVP estava tendo um desempenho realmente sofrível. Embora com certeza fosse muito inteligente e criativa, ela não estava se dedicando para fazer um trabalho de qualidade. Entregava tudo com atraso e cheio de erros. Nós nos sentamos para conversar sobre a atitude dela. Na semana seguinte, ela começou a fazer um trabalho incrível. Fiquei chocada. Perguntei o que tinha acontecido. A resposta foi: "Eu decidi fazer um bom trabalho". A verdadeira mensagem é que, antes daquela conversa, ela tinha decidido *não* fazer um trabalho de qualidade. Era perfeitamente capaz, mas tinha escolhido trabalhar com desleixo até ser convocada a se posicionar. Ela mudou de chave e de atitude, e o desempenho dela melhorou.

É algo que podemos generalizar para todos os aspectos da vida. Todos nós escolhemos como abordar cada aspecto da nossa vida. Pense na luz branca, que é composta de todas as cores do espectro. Quando usamos lentes diferentes, vemos cores diferentes. Cabe a você escolher quais lentes vai usar. Quando passamos por qualquer experiência, de uma cena romântica a uma briga de bar, nela estão elementos de todas as emoções humanas. Está nas nossas mãos determinar quais detalhes vamos perceber e quais emoções vamos sentir. Tente pedir a um grupo diverso para refletir sobre um mesmo evento que tenha vivenciado, e você receberá uma infinidade de respostas dependendo do modo com que cada indivíduo escolhe ver o mundo.

Eu uso a palavra "escolher" deliberadamente, porque cada um de nós é responsável por escolher as lentes que usa. Ao pôr lentes diferentes, vemos diferentes desafios e oportunidades. Se você olhar o mundo tentando enxergar como enfrentar os desafios diante de si, então é isso que verá. Se, em vez disso, as suas lentes o colocam como vítima, então é essa parte de você que aparecerá. Lembre-se: todos os problemas são, na verdade, uma oportunidade; e, quanto maior o problema, maior a oportunidade. Somos nós que extraímos algo daquilo que nos é dado. Pense no desenho do triângulo no capítulo 2. Há maneiras infinitas de se completar aquela figura. Para citar John Gardner num discurso que ele fez na McKinsey & Company, em 1990: "A vida é a arte de desenhar sem ter uma borracha". Ou seja, aceitar o que a vida nos dá e então reagir. Gardner disse ainda:

"Sentido não é algo em que tropeçamos, como a resposta para uma charada ou o prêmio de uma caça ao tesouro. Sentido é algo que construímos ao longo da vida. Fazemos isso a partir do nosso próprio passado, das nossas afeições e lealdades, da experiência da humanidade que nos é passada, do nosso próprio talento e da nossa compreensão, das coisas em que acreditamos, das coisas e pessoas que amamos, dos valores pelos quais estamos dispostos a sacrificar algo. Os ingredientes estão aí. Devemos juntá-los nessa costura única que será a vida de cada um de nós."

Cabe a nós mesmos extrair o sentido da vida. Um exemplo interessante é Khalida Brohi, fundadora da Sughar Empowerment Society, no Paquistão. Ela cresceu numa zona rural de tradições arraigadas, incluindo o "assassinato por honra" de jovens mulheres que não tivessem seguido os desejos dos pais. Se uma garota dissesse que não queria se casar com o homem escolhido pela família, a comunidade considerava aceitável assassiná-la.

Aos dezesseis anos, Khalida voltou ao vilarejo após estudar na capital, Karachi, e descobriu que uma das amigas mais próximas tinha sido morta por ter decidido se casar com o homem que amava, e não com o escolhido pelos pais. Esse acontecimento a feriu profundamente. Depois de conhecer a vida na cidade, onde percebeu que assassinatos por honra eram levianos e bárbaros, ela prometeu defender os direitos das mulheres da região. Quando foi entrevistada pela Iniciativa Global Clinton, afirmou:

Quando tinha dezesseis anos, perdi uma amiga para os assassinatos por honra (...). Chega. Isso significa que devo fazer alguma coisa por todas essas mulheres. Fui uma adolescente enérgica e obstinada. Eu sabia que iria salvar todas as mulheres do mundo dos assassinatos por honra.

Khalida abriu o programa Sughar para empoderar e dar independência financeira às mulheres ao ensiná-las uma profissão (Sughar significa "mulheres confiantes e habilidosas"). A meta é ajudar mais de um milhão de mulheres nos próximos dez anos. Isso a motivou a experimentar maneiras mais eficazes de eliminar o problema dos assassinatos por honra. Aceitou o que foi dado a ela, apesar de todo o horror, e criou algo que tem um significado.

Esse caso diz respeito a um problema profundo, mas a maioria das questões da nossa vida são bem mais mundanas. Tropeçamos em rachaduras metafóricas na calçada o dia todo. É nossa escolha as enxergarmos como oportunidades, em vez de problemas, e nos comprometermos com elas. Assim como as crianças na sala de aula de Don Wettrick, podemos nos educar para ver e enfrentar os desafios da vida, em vez de passar por eles de olhos fechados.

Ao dar o primeiro passo no Ciclo da Invenção, com engajamento ativo e a capacidade de vislumbrar o que pode ser (imaginação), você decide o que o motiva e então experimenta para criar soluções (criatividade). No próximo capítulo, vou discutir como mesmo uma pequena dose de motivação pode gerar um rápido experimento para enfrentar o desafio. Os resultados, por sua vez, podem aumentar a sua motivação, fortalecendo tanto a sua autoconfiança quanto a sua paixão por seguir em frente. Não se esqueça: você escolhe a sua motivação e mesmo uma dose mínima é suficiente para dar a largada!

PROJETOS

1. O que realmente o motiva? Pense no curto prazo, no médio prazo e no longo prazo. Reflita sobre essa pergunta, já que tem a ver com diferentes aspectos da sua vida, como família, educação, trabalho e comunidade.

2. Preencha a matriz da Paixão-Autoconfiança com atividades da sua vida que se encaixem nos quadrantes. Peça a amigos, parentes ou colegas para fazerem o mesmo e compartilhe os seus resultados. Discuta por que colocou determinados itens em cada quadrante e se existem maneiras de mover alguns deles para o quadrante superior direito.

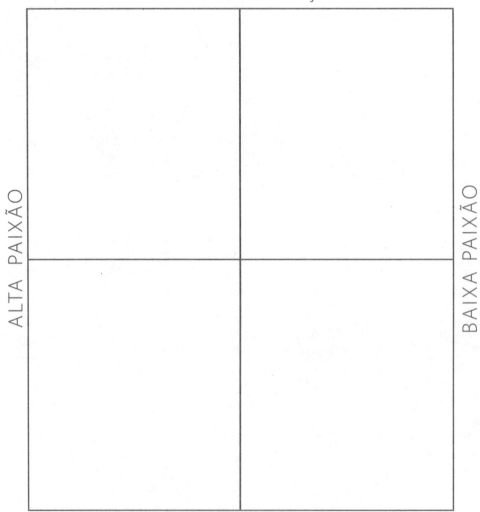

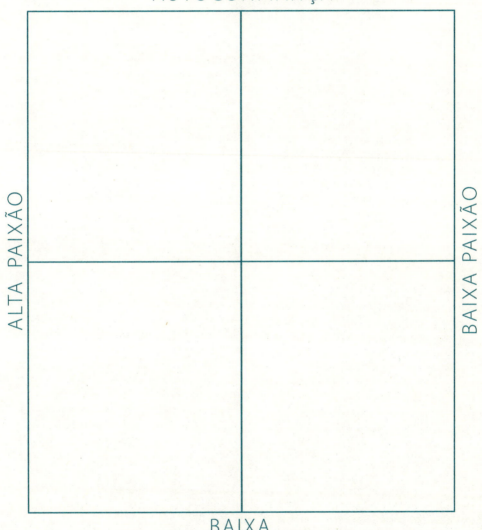

CAPÍTULO 4
EXPERIMENTE: NÃO SE FAZ OMELETE SEM QUEBRAR OVOS

Justin Rosenstein trabalhava no Facebook como engenheiro e achava muito frustrante a experiência de colaborar com uma equipe grande e diversa. Gastavam tempo demais com "trabalho sobre trabalho", nas palavras de Justin, em vez de realizar a atividade fim. Demoravam muito para sincronizar a equipe, garantir que todos estivessem informados e soubessem como suas contribuições se encaixavam no planejamento maior. Justin poderia ter perdido mais tempo reclamando. Mas encarou o problema de frente ao fazer alguns experimentos com a equipe dele.

Durante um ano, Justin desenvolveu e testou uma nova plataforma de trabalho em equipe para o Facebook. Com a ferramenta, os integrantes podiam se comunicar e colaborar um com o outro, sem redundâncias desnecessárias. Ela se provou tão útil que foi implementada na empresa inteira. Cada vez mais apaixonado pelo projeto, Justin se juntou ao cofundador do Facebook Dustin Moskovitz e deixou o emprego para lançar a Asana, dedicando-se em tempo integral para adaptar a ferramenta para outras companhias. Ele estava motivado a aumentar a produtividade em organizações de todos os tipos.

Inicialmente, não tinha qualquer intenção de levar aquela solução para outra empresa. Mas a oportunidade prosperou à medida que a paixão dele por esse problema cresceu, assim como a autoconfiança de que poderia resolvê-lo. Esse é o cerne da criatividade: usar a sua imaginação para enfrentar um desafio e aproveitar a sua motivação para começar a experimentar.

Aliás, *todos* nós somos máquinas de experimentação. Sempre que falamos, estamos prestando atenção na resposta e ajustando a conversa de acordo. Sempre que testamos um produto novo, estamos avaliando se ele atende as nossas necessidades. E todas as vezes que provamos uma comida nova, estamos fazendo um experimento para determinar se gostamos dela. Em vez de confiarmos somente nos instintos para experimentar, podemos estar conscientes desse processo e intensificá-lo com critérios. Quanto mais cuidadosos somos com os testes que fazemos, mais informações coletamos e nos tornamos melhores em nos adaptar conforme os resultados obtidos.

É precisamente isso que Justin e a equipe da Asana fazem. A cada quatro meses, todos os funcionários se reúnem para planejar os seguintes. Juntos, eles criam uma série de experimentos de alta prioridade e avaliam de forma clara os riscos e os benefícios de cada um. Alguns são grandes apostas com alto potencial de retorno, bem como alto risco de fracasso. Outros são melhorias incrementais no produto, que têm uma grande chance de sucesso.

Indo mais além, para cada novo projeto eles fazem um exercício de visão no qual escrevem resumos do que imaginam que pode acontecer nos próximos quatro meses. Também conhecidos como *"pré-mortems"*, são conduzidos antes de o grupo começar um projeto (em oposição aos relatórios de *post mortem*, realizados posteriormente). Os pré-mortems ajudam a antecipar, desde o início do trabalho, o que pode acontecer, de modo a evitar problemas previsíveis e estabelecer uma base sólida para o sucesso.

Um relatório de visão descreve o tremendo sucesso que vão comemorar se tudo der certo, enquanto outro informa tudo que pode dar errado e as falhas do projeto proposto. Essa abordagem permite que todos os envolvidos entendam inteiramente o potencial de cada experimento que estão realizando e detectem algumas das possíveis complicações. O processo de visão cria a oportunidade de antecipar o sucesso e o fracasso e de tapar buracos antes que alguém caia neles. Nas reuniões seguintes, a equipe revisa não apenas os resultados, mas também os processos adotados, experimentando continuamente para obter melhores resultados.

Como podemos notar, a experimentação minuciosa é uma parte fundamental do processo criativo, que permite que você vá da imaginação, na qual vislumbra possibilidades, até a criatividade, na qual começa a encontrar soluções. A experimentação desvenda uma riqueza de alternativas para que você possa avaliar essas opções.

As crianças fazem isso naturalmente conforme descobrem como o mundo funciona. Cientistas da Universidade da Califórnia em Berkeley e da Universidade de Edimburgo realizaram um estudo para determinar se alunos em idade pré-escolar são mais propensos do que universitários a experimentar em busca de soluções. Eles selecionaram cem crianças entre quatro e cinco anos e pediram a elas que fizessem funcionar uma caixa de música acionada ao se colocar peças de barro de formatos diferentes no seu topo. Além disso, 170 universitários foram avaliados ao desempenhar a mesma tarefa. O estudo mostrou que as crianças se saíram bem melhor do que os adultos.

Uma pesquisadora da equipe, Alison Gopnik, observou que elas eram mais propensas a tentar abordagens pouco usuais.

Em entrevista a Michele Trudeau na Rádio Pública Nacional, Gopnik explicou:

"Este é um pensamento flexível, fluido: crianças explorando uma hipótese improvável. O aprendizado exploratório é natural para crianças pequenas. Já os adultos correm para a primeira solução, a mais óbvia, e se agarram a ela com obstinação, mesmo se não estiver dando certo. Esse é o pensamento inflexível, limitado. Achamos que a moral do estudo é que talvez as crianças sejam melhores em resolver problemas quando se trata de solução inesperada."

Podemos manter essa habilidade na vida adulta aprimorando nossas habilidades de *"pretotyping"*. Esse termo foi cunhado por Alberto Savoia, que liderou durante anos equipes de desenvolvimento de produtos em companhias de tecnologia de ponta e foi o mais recente "agitador da inovação" no Google. Nessa última função, ele elaborou as ideias sobre *pretotyping*. Alberto notou que a maioria das pessoas se apaixona pelas próprias ideias, se dedica e compromete muito tempo e dinheiro antes de entender se os outros realmente querem o que está sendo proposto. Ele se refere ao processo de *pretotyping* como "testar antes de investir", para confirmar se o produto deveria ser produzido. Como diz Alberto: "No *pretotyping*, nossa suposição é a de que estamos errados, pois não queremos mesmo agir com confiança, e sim com cautela para testar nossas hipóteses antes de nos comprometermos".

A vantagem da prototipagem para criar amostras do que se quer produzir já é bem conhecida. Com protótipos de produtos, sites e serviços, é possível testar parâmetros como tamanho, peso e a experiência geral do consumidor. Eles são projetados para responder a questões como: "Podemos construir isso?".

Mas e se você estiver fazendo a coisa errada desde o início? *Pretotypes* são feitos antes que se invista em produzir protótipos e são experimentos pensados para determinar se aquela é mesmo a direção certa. Como afirma Alberto no livro que escreveu sobre *pretotyping* (o qual é em si um *pretotype*!):

"O *pretotype* possibilita a coleta de dados importantes sobre o consumo e o mercado para decidir se vale a pena ou não investir numa nova ideia e custa apenas uma fração de um protótipo: horas ou dias em vez de semanas ou meses, e centavos em vez dólares. Facilita ainda o fracasso prematuro e a recuperação rápida e deixa sobrar bastante tempo, dinheiro, energia e entusiasmo para explorar outros ajustes ou ideias até se encontrar algo que as pessoas possam querer."

Existe outra vantagem relevante dos *pretotypes*: fazer um experimento rápido não exige muita motivação. Com apenas uma gota de comprometimento com uma ideia, é possível fazer um *pretotype* para ver se ela tem futuro. Além disso, como a maioria das ideias novas fracassam, é proveitoso para todos realizar testes o quanto antes para sabermos se estamos indo na direção certa.

Alberto descreve uma série de experimentos elucidativos a serem usados para fazer um *test-drive* da ideia. Estes são alguns exemplos:

O Turco Mecânico. Nesse método, uma tarefa complicada de computação é realizada por um ser humano. O termo teve origem no final do século 18 na Europa. Um inventor projetou um boneco mecânico, vestido em túnicas turcas e com turbante que, segundo ele, conseguia jogar xadrez. Na verdade, havia uma pessoa embaixo da mesa que controlava o manequim. Esse conceito é usado até hoje. Podemos usar serviços, como o Amazon Mechanical Turk, para terceirizar tarefas repetitivas que só podem ser feitas por humanos, como selecionar fotos ou revisar transcrições. A abordagem do Turco Mecânico em relação ao *pretotyping* é exatamente a mesma: em vez de fabricar uma ferramenta complexa e cara, primeiro é conduzido um teste no qual uma pessoa desempenha a tarefa. Por exemplo, antes de programar um software sofisticado de reconhecimento de fotos, verifique se as pessoas querem esse serviço.

A *Técnica do Pinóquio*. Nessa técnica, é usado um modelo de "madeira" da ideia – ou melhor, um dublê de baixo custo. Isso serve para estipular como um produto ou serviço poderia fazer parte da vida das pessoas. Um ótimo exemplo vem de um trabalho muito solicitado a estudantes do ensino fundamental. Eles precisam andar com uma cesta de ovos crus durante uma semana, tomando cuidado para não quebrá-los. O objetivo é dar a esses jovens um gostinho da experiência de ter um filho, para que entendam o quanto é trabalhoso ser responsável por um bebê frágil vinte e quatro horas por dia. Esse simples *pretotype* é incrivelmente eficaz para demonstrar como dá trabalho cuidar de um bebê, sem precisar recrutar e colocar em risco dezenas de recém-nascidos de verdade.

A *Fachada*. Nesse caso, é anunciado um produto ou serviço que ainda não existe para medir o nível de interesse. Pode-se fazer isso publicando anúncios como teste na internet, no rádio, no jornal ou num panfleto para ver a reação das pessoas. O índice de respostas é um ótimo medidor do verdadeiro interesse. Uma pessoa que fez isso foi Bill Gross, que gerencia a Idealab. Uns anos atrás, antes do e-commerce ter ampla aceitação, ele queria saber se as pessoas comprariam um carro pela internet. Montou um site para vender carros – que tinha somente uma página anunciando carros à venda! Assim aconteceu a história, nas palavras de Bill Gross:

Em 1999, abrimos a CarsDirect. Na época, as pessoas tinham receio de enviar as informações do cartão de crédito pela internet; e lá estava eu querendo vender carros pela internet! Lançamos o site numa quarta à noite; na manhã de quinta, tínhamos quatro pedidos. Fechamos rápido o site (teríamos que comprar quatro carros em revendedoras e entregá-los para esses quatro clientes com prejuízo), mas provamos a nossa tese. Só depois disso é que começamos a elaborar o site para valer e a empresa.

O objetivo mais importante de todas essas técnicas de *pretotyping* é levantar dados. Mesmo quando os *pretotypes* não funcionam como esperado, eles fornecem lições valiosas do que pode ser adotado na próxima rodada de experimentos. Como são feitos com rapidez, o dano é mínimo. E, por não demandarem muito esforço, também não exigem um grande compromisso. Se você pensar na sua vida, na sua formação e nos seus negócios como uma série de experimentos, todos os resultados servem como dados para orientar a *próxima* rodada de testes.

Peter Sims escreve sobre esse conceito no livro *Little Bets* (Pequenas apostas), no qual compartilha insights sobre o processo de experimentação por trás do desenvolvimento de produtos, processos e organizações de sucesso. Olhamos com muita frequência para produtos finalizados e acreditamos que eles já vieram totalmente prontos. Mas não é assim que funciona. Seja um show de comédia engraçadíssimo, uma estratégia empresarial ou um produto refinado, o sucesso vem do trabalho árduo, com um passinho por vez e o apoio da experimentação cautelosa. Peter afirma:

"No cerne dessa metodologia da experimentação, as pequenas apostas são ações concretas realizadas para descobrir, testar e desenvolver ideias tangíveis e economicamente viáveis. Elas começam como possibilidades criativas que são reiteradas e refinadas com o tempo e têm um valor inestimável quando se tenta navegar em meio à incerteza, criar algo novo ou responder a problemas em aberto. Quando não podemos saber o que vai acontecer, as pequenas apostas nos ajudam a entender quais fatores não podem ser compreendidos de antemão. O importante é lembrar que, embora prodígios sejam excepcionalmente raros, qualquer pessoa pode fazer pequenas apostas para descobrir ideias criativas."

Quem não trabalha sozinho tende a pedir permissão antes de fazer um experimento para saber se uma ideia poderia funcionar. Pode parecer um bom plano, mas talvez não dê muito certo. Rich Cox, meu colega no Instituto de Design Hasso Plattner (d.school), em Stanford, e dono da empresa de consultoria People Rocket, já afirmou muito sabiamente: "Pedir permissão apenas transfere o risco para outra pessoa". Isso faz toda a diferença. Se você pede que alguém endosse o seu experimento, está transferindo o risco para essa pessoa – e isso tem consequências. Como ela não está diretamente envolvida no sucesso do experimento, é menos propensa a assumir o risco e lhe diz para não seguir adiante. Se for uma aposta pequena e você estiver seguro de que o experimento vai levantar dados interessantes, talvez faça sentido assumir o risco sem autorização – faça um experimento para estabelecer se a ideia tem algum valor. Então você terá dados para compartilhar com os responsáveis por aprovar um investimento mais alto.

No STVP, cultivamos a cultura da experimentação, segundo a qual definimos explicitamente nosso centro como um laboratório onde são realizados experimentos de ensino sobre empreendedorismo. Ao tomarmos cada projeto como um experimento, temos muita liberdade para tentar coisas novas, e ninguém se surpreende se os resultados forem diferentes do esperado. Também nos dá autonomia para estender ou finalizar projetos dependendo dos resultados dos testes.

A propósito, há um tempo tivemos ótimos resultados em experimentos com *podcasts* (antes que tivessem esse nome) e ampliamos essa iniciativa com sucesso. Por outro lado, depois de oferecer um bom número de cursos livres intensivos on-line (MOOCs, na sigla em inglês), decidimos que o enorme esforço e o alto custo para disponibilizar cada um deles não valiam a pena. Se tivéssemos elaborado planos de negócios detalhados para essas duas ideias e, desde então, nos comprometido com elas, *ambos* não passariam de obra de ficção. Era impossível saber o que aconteceria antes de realizarmos os experimentos.

Nos últimos anos, várias empresas têm organizado *hackathons* para formalizar o processo de experimentação. Elas juntam equipes para enfrentar um desafio específico ou um à escolha de cada equipe, passando algumas horas ou dias com foco na experimentação radical. Como o tempo é limitado, não tem muito problema se o projeto não funcionar – porém, surge uma vantagem enorme se der certo. Quando as pessoas chegam a uma ideia que demonstre algum potencial após a experimentação inicial, a motivação sobe e os testes continuam.

Anne Fletcher é um grande exemplo da experimentação camada por camada necessária para dar vida a uma ideia. Ela tem se dedicado ao desafio de ajudar mudinhas de plantas a sobreviverem. Como a maioria dos jardineiros, Anne aprendeu com a experiência que a umidade é essencial para elas. Estabeleceu então como meta inventar um modo de garantir que as mudas continuassem crescendo mesmo se não fossem regadas diariamente.

É mais fácil explicar do que cumprir esse objetivo. Nos dois últimos anos, Anne testou centenas de possibilidades. A primeira tentativa foi uma nova técnica de irrigação a gota, e a última, um projeto de vaso com espaços definidos para seis sementes e um reservatório de água interno. A peça é feita de barro, que é poroso, de modo que a água seja absorvida lentamente pela terra e mantenha as sementes úmidas. Para garantir uma dose regular de água, o reservatório não precisa ser enchido todos os dias, somente uma vez por semana.

Quando achou que esse vaso poderia funcionar, Anne testou diversas variáveis e manteve um registro meticuloso de cada experimento. Todas as unidades produzidas têm um número de série para que ela possa analisar os resultados de cada combinação de variáveis ao longo do tempo. Anne testa diferentes tipos de composição de barro, de espessuras e de esmaltados, além de variar as técnicas de cozimento. Pelas experiências já vividas, ela sabe que o caminho à frente é permeado por sucessos e fracassos. Cada sucesso abre a porta para o próximo desafio – e a próxima série de fracassos. Todos esses experimentos levaram Anne a abrir uma empresa, a Orta, que produz os vasos numa fábrica própria, em Redwood City, na Califórnia, onde a experimentação não pode parar.

Depois de ouvir essa história, muitas pessoas diriam que a ideia inicial era "barata" e que o valor foi agregado na implementação. Eu discordo totalmente. Como já falei muitas vezes, ideias não são nada baratas – elas são gratuitas. E existe uma grande diferença. Quando as coisas são baratas, elas não têm muito valor. Quando são gratuitas, não têm preço. Ideias como a de vasos para proteger mudas de plantas têm um valor enorme. Mas é preciso um comprometimento significativo para torná-las realidade. Cada ideia é como uma das sementes que Anne está ajudando a cultivar. Pode ser pequena e vulnerável, mas tem potencial de crescer até virar uma planta que carrega frutos e as próximas sementes. Isso está no âmago do Ciclo da Invenção, pois as ideias tratadas com zelo acabam gerando onda após onda de novas ideias.

A dra. Piya Sorcar, que se dedica heroicamente a prevenir a Aids em países em desenvolvimento, também nos mostra o poder da experimentação. Quando era aluna do Programa de Design e Aprendizado de Ciências e Tecnologia, em Stanford, ela lia relatórios sobre o baixo nível de conhecimento sobre a Aids na Índia. Em 2016, quando deu início ao trabalho, era estimado que quase seis milhões de pessoas na Índia estavam contaminadas com o HIV, e, se informações adequadas não fossem disponibilizadas, esses números aumentariam de maneira assustadoramente rápida.

Milhares de dólares estavam sendo gastos para conscientizar as pessoas na Índia sobre a transmissão e o tratamento da Aids, de maneira pouquíssimo efetiva. Entrevistas que Piya conduziu em escolas mostraram que, apesar das campanhas, havia graves equívocos e uma falta geral de conhecimento sobre o assunto. Ela estudou a fundo as causas do problema para poder elaborar materiais que tivessem êxito.

Após centenas de entrevistas, ficou claro que a conscientização sobre a Aids não poderia ser realizada num único formato. Cada parte do mundo tem um um contexto próprio de vocabulário, tabus sociais e políticas públicas, que precisa ser considerado. No caso de algumas regiões da Índia, os professores literalmente queimaram os folhetos distribuídos para os alunos aprenderem sobre a Aids. Acharam as fotos explícitas demais e não se sentiram confortáveis para conversar com os alunos sobre o tema. Em vez de repassarem o material, eles o destruíram. Aliás, a educação sexual tinha sido banida em diversos estados do país.

Piya assumiu o desafio de elaborar materiais educativos sobre o HIV que fossem rigorosamente adaptados para cada cultura regional da Índia e obtivessem uma alta taxa de retenção do conhecimento. Com a vontade de fazer a diferença, Piya e uma equipe interdisciplinar de pesquisadores de Stanford testaram uma ampla gama de abordagens, de desenhos de boneco palito a ilustrações médicas, além de uma grande variedade de metáforas. Após anos de pesquisa e um trabalho de tentativa e erro, eles desenvolveram uma série de vídeos com personagens de duas dimensões, que eram tanto socialmente aceitáveis quanto de fácil compreensão.

Para garantir a precisão do material, foram feitas traduções e versões para eliminar qualquer tipo de erro. Isso trouxe insights e surpresas interessantes. Por exemplo, alguns dialetos usam a mesma palavra para dizer "tratamento" e "cura", o que leva ao entendimento equivocado de que a Aids tem uma cura, por mais que isso não exista.

O passo seguinte foi angariar a aceitação dos materiais com professores, pais e o governo. Piya atraiu o apoio de celebridades indianas de grande influência, entre elas atores e músicos, que emprestaram a voz ao software educativo. Testou todas as ferramentas à disposição dela para engajar esses apoiadores estratégicos, descobrindo o que motivava cada um. Uns foram convencidos pela pesquisa, outros pelas histórias comoventes de sucesso e os demais pela lista de celebridades que já haviam aderido.

Os capítulos 3 e 4 mostraram que motivação e experimentação estão intrinsecamente relacionadas. A solução criativa de problemas depende da sua motivação, que, por sua vez, gera experimentação em busca de uma resposta eficaz. Os resultados fornecem dados, que então reabastecem a sua motivação. Este é o ciclo de *feedforward*: a sua motivação gera experimentação, que gera mais motivação e mais experimentação. É assim que sementinhas de inspiração crescem e se tornam grandes ideias.

PROJETOS

1. Pratique a criação de pretotype. Escolha alguns desafios/oportunidades da sua vida – pode ser algo grande ou pequeno – e projete e execute diferentes modelos de pretotype para avaliar a viabilidade de soluções variadas. Considere qual técnica vai usar em cada um – se o Turco Mecânico, a Técnica do Pinóquio ou a Fachada. Por exemplo, como você criaria um pretotype para testar o prato novo de um restaurante, um travesseiro com despertador embutido ou um aplicativo que ofereça séries personalizadas de exercícios?

2. Observe a lista do capítulo anterior com coisas que o motivam e elabore alguns experimentos para enfrentar esses desafios/oportunidades.

3. Faça um experimento: tente alguma coisa que você nunca fez e veja o que acontece. Pode ser um experimento social, físico ou intelectual. Avalie concretamente os resultados para extrair seu aprendizado. Isso o motiva a fazer mais experimentos nesse campo?

PARTE TRÊS

INOVAÇÃO: TENHA FOCO E REENQUADRE

VISLUMBRAR A BEIRA DO MAR É IMAGINATIVO.

↓

PINTAR UM QUADRO DO OCEANO É CRIATIVO.

↓

DESENVOLVER UM NOVO MÉTODO PARA CAPTURAR A BELEZA DAS ONDAS É INOVADOR.

Foi exatamente isso que Katherine (Kay) Young fez: ela avançou da imaginação para a criatividade e, em seguida, para a inovação enquanto aperfeiçoava um método singular de capturar a grandeza do oceano. Isso requer muito foco e a capacidade de encarar uma técnica conhecida a partir de uma perspectiva diferente.

Kay cresceu perto da costa da Virgínia e se sentia atraída pela água. Ela fez aulas de arte para aprender como pintar quadros das ondas do mar. Aprimorou a técnica para registrar em pintura a óleo, com perfeição, cada movimento da superfície e o estourar das ondas na areia. Era um hobby que cultivava no tempo livre enquanto estudava Medicina e, mais tarde, quando trabalhava como cirurgiã plástica em São Francisco.

Um dia, há alguns anos, ela estava se sentindo insatisfeita com os quadros que pintava e quis dar um passo adiante. Enquanto mexia nos materiais antigos de pintura, encontrou uma folha de ouro – ouro verdadeiro trabalhado até ficar na espessura de uma folha de lenço de papel – que ela tinha usado uns anos antes para aplicar em móveis. Como tinha gostado do processo, decidiu brincar com a folha de ouro. Encontrou um pequeno bloco de madeira que normalmente usaria como tela de pintura e o revestiu com ouro. Curiosa a respeito do que aconteceria, Kay pintou uma paisagem do mar em cima da folha de ouro. Os resultados foram surpreendentes.

Quando Kay pintou ondas do mar, com uma fina camada de tinta óleo, um pedacinho do metal ficou à mostra. Embora não pudesse ver muito do ouro, o fundo metálico alterou significativamente o modo com que a luz batia na imagem, o que deu à cena um contraste maior entre claro e escuro em comparação com a pintura a óleo tradicional. Somado à habilidade de Kay de apreender a cena em ricos detalhes, o novo fundo deu à imagem a impressão de que se está olhando o mar através de uma janela, com a luz natural, e não uma pintura.

Nos últimos anos, Kay tem testado essa técnica, usando folhas de ouro e de prata no fundo das pinturas para registrar as variações no mar e no céu em momentos do dia e climas variados. Esse método é importante para o objetivo dela de usar as ondas oceânicas como metáfora para refletir sobre a vida. Essa série de pinturas se chama *Lugares para refletir*.

Kay jamais teria desenvolvido essa técnica inovadora se não tivesse passado anos construindo habilidades e questionando pressupostos sobre o que significa registrar cenas em pintura a óleo. Isso é crucial para a inovação: tomar como base a sua imaginação (engajar e vislumbrar) e a sua criatividade (motivar-se e experimentar), e então inovar (ter foco e reenquadrar) a fim de desenvolver ideias únicas.

Abaixo está uma das pinturas de Kay, impressa em preto e branco. É um lembrete visual de que a inovação é resultado da dedicação focada e da capacidade de enxergar coisas antigas com um novo olhar.

O convite, por Katherine Young.

CAPÍTULO 5
TENHA FOCO:
JOGUE FORA O LIXO

Algumas semanas atrás, pousei no aeroporto de Newark. Na chegada, entrei apressada num táxi em direção ao hotel no centro de Nova York. Como sempre, comecei a conversar com o taxista. Ele é haitiano e fala francês como língua materna. Pai de duas crianças pequenas, já completou quinze anos na profissão e trabalha de quatorze a dezesseis horas por dia, seis dias por semana. Também descobri que, para cada corrida, ele precisa aguardar cerca de três horas no aeroporto e tem a expectativa de ganhar uns cinquenta dólares – faz um total de três por dia. Desse jeito, estava com dificuldades para pagar as contas.

Acontece que a espera pela próxima corrida faz os taxistas do aeroporto passarem uma média de *nove horas por dia* numa sala de descanso improvisada. Gastam a maior parte do tempo vendo TV. Um cálculo rápido revela que cinquenta horas por semana na sala de descanso, durante quinze anos, dá um total de quase quarenta mil horas. Nossa! O que teria acontecido se ele tivesse usado ainda que uma parte desse tempo para dominar uma habilidade nova, como aprender linguagem de programação ou truques de mágica?

Embora certamente esse seja um exemplo extremo, a maioria de nós desperdiça muito tempo. Faça as contas: o dia tem vinte e quatro horas. Se você dormir oito horas e reservar cinco para cuidados pessoais como comer e tomar banho, fica com onze horas todos os dias. São setenta e sete horas por semana. Se trabalhar cinquenta horas por semana, ainda assim terá vinte e sete horas por semana, ou mais de mil e quatrocentas horas por ano. É um bocado de tempo para gastar como desejarmos.

Todos nós temos as mesmas vinte e quatro horas por dia. O que fazer com elas é com você. Eu me lembro com frequência de que o presidente dos Estados Unidos, um ganhador do Prêmio Nobel e um atleta olímpico têm todos eles as mesmas vinte e quatro horas por dia. Eles encontraram modos de alcançar objetivos impressionantes com a mesma quantidade de horas que eu e você temos a cada dia.

Voltando ao taxista, fiquei sabendo que ele era certificado como reparador de sistemas de aquecimento, ventilação e ar-condicionado, mas tinha decidido não aceitar um emprego nessa área porque o salário inicial era mais baixo do que o atual. Por uma vantagem no curto prazo, havia desistido de seguir uma longa carreira em que poderia ter conquistado experiência por tempo de serviço, autonomia e um salário mais alto. Isso é conhecido como "precrastinação", a tendência de terminar, ou pelo menos começar, tarefas o quanto antes, mesmo quando se sabe que um pouco mais de esforço traria um resultado melhor. Basicamente, trata-se de pegar a fruta no galho mais baixo, até quando o valor é menor no longo prazo.

Eis uma breve descrição de um estudo sobre procrastinação feito pela Universidade do Estado da Pensilvânia:

"Para testar a capacidade humana de precrastinar, os pesquisadores David Rosenbaum, Lanyun Gong e Cory Adam

Potts levaram vinte e sete estudantes para um beco onde havia dois baldes amarelos de plástico cheios de moedas – um à direita e outro à esquerda. Um dos baldes estava mais perto do participante, e o outro, mais perto do fim do beco. Os cientistas pediram aos participantes que pegassem o balde que parecesse mais fácil de carregar, o da direita ou o da esquerda, e o levassem até o fim do beco.

Para a surpresa deles, a maioria escolheu o balde mais próximo de si, porém mais longe da linha de chegada. Ou seja, decidiu carregar o balde por mais tempo. Na reunião após a atividade, muitos afirmaram de maneiras diferentes o seguinte: 'Eu queria terminar a tarefa o mais rápido possível.'"

Isso é absolutamente comum. Fazemos escolhas que nos dão uma vantagem no curto prazo em detrimento do sucesso de longa duração. Quando você limpa a casa, enfia coisas na "gaveta da bagunça" ao invés de passar um tempinho a mais organizando tudo e separando o que é para jogar fora? Ou, quando está elaborando um produto, você pega uns atalhos para levar menos tempo? No mundo da tecnologia, isso é chamado de dívida técnica ou dívida de design. A dívida se refere às tarefas que, no fim das contas, precisam ser concluídas para o trabalho ser finalizado. Muitas empresas estão dispostas a assumir essa dívida para lançar mais cedo um produto. Contudo, elas sabem que, se não for "acertada", a dívida continua acumulando, o que torna o trabalho ainda mais complexo depois.

É preciso esforço e dedicação consideráveis para eleger um objetivo de longo prazo significativo e então focar em alcançá-lo, sem tomar nenhum atalho. Você pode estar motivado o bastante para realizar experimentos rápidos, como descrito nos capítulos sobre criatividade. No entanto, se não tiver um foco contínuo, os resultados duradouros nunca vão se materializar. Seja fazer um filme, abrir uma empresa ou se tornar mágico, alcançar de fato um objetivo demanda muito mais motivação e experimentação, que são necessárias porém não bastam. Por exemplo, você pode fazer um esboço de *storyboard* para um filme, anotar um plano de negócios num guardanapo ou comprar um kit de mágica. Esses passos iniciais precisam ser seguidos dos próximos, quando você dedica sua atenção para aquele objetivo. Embora pareça óbvio, a maioria das pessoas não faz isso.

O segredo para ter foco é buscar de forma concreta o tempo necessário. É fácil falar, mas é preciso um esforço considerável para colocar os seus objetivos em primeiro plano e os priorizar em detrimento das distrações. Muitas pessoas acabam preenchendo o tempo com compromissos e, assim que o dia ou a semana ficam cheios, não conseguem pensar num jeito de acrescentar mais nada. Ficam ocupadas com as coisas que *precisam* fazer e sem tempo para o que *querem* conquistar.

No decorrer dos anos, desenvolvi uma metáfora que me ajuda a acrescentar ou eliminar obrigações para eu focar nas coisas mais importantes. Penso na minha vida como um compactador de lixo, que carrega todos os meus compromissos. Quando inicio um novo projeto, as responsabilidades lotam o compactador de lixo. À medida que ganho experiência com as tarefas indispensáveis, aciono o compactador para que elas ocupem menos espaço. Por exemplo, na primeira vez que organizei uma grande conferência, usei todo o tempo que tinha para elaborar o programa e montar uma rede de recursos. Na segunda vez, já tinha uma lista dos recursos e sabia o que tinha funcionado. Planejar essa conferência foi bem mais fácil, o que me permitiu tocar outros projetos em paralelo. Quanto mais experiente me tornava, mais rápido organizava cada evento, e assim eu conseguia assumir mais projetos paralelos.

Na essência, assumir um novo compromisso é depositá-lo no seu compactador de lixo. Se você pode aproveitar competências e recursos que já tem para cumpri-lo, ele vai ocupar menos espaço desde o princípio. A cada tarefa concluída, a máquina compacta aquele conteúdo porque você se tornou mais eficiente, o que abre espaço para novos projetos. Conforme você ganha experiência, o compactador entra em ação e deixa mais espaço para novos desafios. Em algum momento, porém, ele ficará totalmente cheio, e você não vai conseguir pôr mais nada. Essa é a hora de jogar fora o lixo.

Existem três maneiras de lidar com um compactador de lixo cheio. Primeiro, podemos jogar fora algumas coisas. Segundo, podemos entregar uma parte para outras pessoas, e elas vão colocá-la no compactador delas. Por último, podemos escolher o que manter no compactador. Veja a seguir alguns exemplos de como essas alternativas funcionaram para mim:

Por mais de dez anos, organizei as conferências já mencionadas, as *Mesas-redondas sobre educação empreendedora*. No começo, havia uma conferência por ano em Stanford, que eu gerenciava na maior parte do meu tempo durante vários meses. Após alguns anos de experiência, organizar o evento levava muito menos tempo, e então criamos uma conferência anual na Europa, em seguida uma na Ásia, outra na América Latina e, por fim, uma no Oriente Médio.

Àquela altura, eu estava no limite da minha capacidade de gerenciar todas essas conferências, além dos meus demais compromissos. Após pesar as opçoes, contratei uma pessoa para assumir a responsabilidade por todos os nossos programas internacionais. Ela começou a trabalhar com o compactador de lixo vazio, que preencheu com esses eventos. Depois de ganhar experiência, pôde comprimir o conteúdo e, assim, acrescentou mais programas. Isso expandiu a atuação da nossa equipe bem além do que eu poderia ter feito sozinha.

Segui outra direção na gestão do Torneio de Inovação Global. Esse projeto começou como um exercício na minha aula sobre criatividade, se desdobrou numa competição abarcando o campus e, por fim, tornou-se um evento internacional. A partir daí, a organização do torneio passou a tomar o tempo da equipe inteira durante várias semanas. Praticamente nada mais podia acontecer nesse período. Tínhamos uma decisão a fazer: teríamos que aumentar a equipe ou desistir do projeto de vez. Resolvemos registrar o que havíamos aprendido, elaborar um guia detalhado para possíveis interessados e encerrar o caso. Foi um experimento incrível, mas decidimos retirá-lo do compactador de lixo. Agora, repassá-lo para quem tivesse interesse nos deixaria felizes.

Por último, há coisas que, apesar do tempo e do esforço, escolho manter permanentemente no meu compactador de lixo. São atividades principais que não quero terceirizar ou das quais não abro mão. Por exemplo, as aulas que dou estão sempre no meu compactador, e todos os anos elas exigem a mesma quantidade de tempo e esforço. Sempre há uma nova equipe de professores, e criamos novos projetos e trabalhos. Esses são os inquilinos permanentes do meu compactador. Futuramente, posso decidir repassá-los para alguém ou despejar todos de uma vez, mas por enquanto são meus compromissos essenciais.

Essa metáfora me ajuda porque me lembra de jogar fora o lixo periodicamente. Sempre temos projetos que podem ser delegados ou eliminados. Delegar permite que o projeto progrida enquanto nos liberamos para outras atribuições, e eliminar nos permite focar a atenção em novas iniciativas.

Além de estar atento ao que está fazendo com o seu tempo, é importante você saber sobre o que está *pensando*. Se passar muito tempo no trânsito, faz o quê? Resolve problemas urgentes, coloca o papo em dia com os amigos pelo celular, ouve um audiolivro ou um podcast ou medita em silêncio para limpar a mente? A escolha está nas suas mãos, mas precisa ser feita intencionalmente. Na essência, o seu controle da mente é tão importante quanto o seu controle do tempo. O cérebro está sempre processando alguma informação, e todos nós precisamos decidir o que isso será. Podemos ocupar a mente de maneira leviana ou com objetivos claramente definidos, que vão proporcionar um maior retorno do investimento. No fundo, sua atenção e seus pensamentos são o patrimônio mais valioso que você tem.

Os pensamentos também afetam o corpo, que reage influenciando a mente. Quando estamos ansiosos, o coração começa naturalmente a acelerar. A mente interpreta isso como estresse, o que causa uma aceleração ainda maior do batimento cardíaco. Esse ciclo de *feedforward* pode fugir ao controle, gerando uma ansiedade grave. Ser capaz de gerenciar e desativar o ciclo é crucial, pois esses sintomas não são apenas desconfortáveis mas também dificultam a conquista dos seus objetivos.

Um caso que ilustra isso é o de Justin Rosenstein, já mencionado, que aprendeu desde cedo que ser um líder requer não só o controle dos pensamentos, como também do estado mental. Leia um pequeno trecho de uma palestra que ele deu em Stanford:

"O aspecto mais importante de ser líder é gerenciar o nosso psicológico [...]. Muita gente aqui nesta sala já teve a experiência de ouvir uma espécie de voz na cabeça, parecida com a própria voz, que dizia: 'Você está fazendo tudo errado'. É uma voz que duvida de si e julga. É muito fácil confundi-la consigo mesmo, principalmente porque ela fala com a sua voz, mas não é bem assim. É como ter um colega de quarto crítico e irritante morando na sua cabeça. Vocês vão notar isso agora que eu falei [...]. Já fiz meditação à beça e ainda ouço essa voz. Mas a diferença é que agora tenho uma relação diferente com ela. Eu a escuto e digo: 'Obrigado, agradeço por estar tentando ajudar. Pode continuar aqui na minha cabeça, não tem problema nenhum. Ponha os pés pra cima, sinta-se em casa, mas isso aí não sou eu e tomo minhas decisões a partir de outra perspectiva'. Então continuo a agir apesar do medo, mesmo quando essas coisas aparecem e me dizem: 'Ah, você está estragando tudo.'"

Muitas vezes essa habilidade é chamada de *mindfulness* ou atenção plena, que é definida como uma atenção focada, intencional e sem julgamentos sobre as sensações, os pensamentos e as emoções no momento presente. Como escreveu Thich Nhat Hanh, "na atenção plena o indivíduo está não apenas descansado e feliz, mas também alerta e desperto". No ritmo acelerado do mundo atual, interconectado, é necessário um esforço extremo para focar com atenção plena. Estamos muito habituados a fazer múltiplas tarefas ao mesmo tempo, com constantes interrupções e distrações. E-mails, mensagens de texto, telefonemas, as tentadoras atualizações das redes sociais e o bate-papo dos colegas no escritório oferecem distrações o tempo todo e tiram o nosso foco. Já foi comprovado que isso reduz consideravelmente a qualidade e a quantidade do que conseguimos realizar.

O designer de software Tristan Harris estudou nos últimos anos como gastamos o nosso tempo, com o objetivo de criar produtos que nos ajudem a gerenciá-lo de maneira mais inteligente. Na TEDx talk que apresentou em Bruxelas, ele comparou o ato de checar o e-mail, o feed de notícias e as atualizações nas redes sociais constantemente com um jogo de caça-níquel. Cada vez que atualizamos a tela para ver se tem algo novo, é como fazer uma aposta. Embora a gente jogue quantidades pequenas de tempo – ou, no caso do caça-níquel, moedinhas –, no fim das contas gasta-se uma fortuna. Se não estivermos atentos a como gastamos o nosso tempo, esse recurso valioso escorre pelas mãos.

Psicóloga social de Harvard, Ellen Langer tem pesquisado sobre a atenção plena há décadas e teve insights excelentes sobre o poder da atenção focada para a criatividade e o desempenho em geral. Eis um trecho de uma entrevista recente dela na *Harvard Business Review*:

"A atenção plena é o processo de perceber ativamente coisas novas, que nos coloca no presente. Isso nos faz ficar mais sensíveis ao contexto e à perspectiva. É a essência do engajamento [...]. Estudei esse assunto durante quase quarenta anos e, em praticamente todas as verificações, descobrimos que a atenção plena gera um resultado mais positivo [...]. Não importa o que esteja fazendo – comendo um sanduíche, dando uma entrevista, criando uma engenhoca, escrevendo um relatório –, ou você está fazendo com atenção plena ou sem atenção plena. O último caso deixa uma marca no que você faz. No topo de qualquer área – os 50 CEOs da Fortune, os artistas e músicos mais notáveis, os atletas de alto desempenho –, encontraremos pessoas plenamente atentas, porque é o único jeito de chegar até lá."

Cliff Nass, que era do Departamento de Comunicação de Stanford, estudou as consequências de tentar prestar atenção em muitas coisas simultaneamente. Ele descobriu que quem acha que é bom em desempenhar múltiplas tarefas ao mesmo tempo em geral é péssimo nisso. Quanto mais essas pessoas tentam se desdobrar, pior é o desempenho delas. Fora disso, não conseguem perceber os erros que estão cometendo.

Nass e os colegas dele conduziram um estudo no qual mostravam a pessoas que são assumidamente multitarefas séries de dois retângulos vermelhos sozinhos ou cercados por dois, quatro ou seis retângulos azuis. Eles mostraram rapidamente cada configuração duas vezes seguidas, e os indivíduos tinham que informar se os dois triângulos vermelhos no segundo frame estavam na mesma posição do que no primeiro. Disseram a eles para não prestarem atenção nos triângulos azuis em volta. Os resultados desse grupo foram bem inferiores aos das pessoas que não costumam ser multitarefas, uma indicação de que fazer múltiplas tarefas ao mesmo tempo prejudica a concentração.

Focar numa coisa por período razoável de tempo eleva a produtividade e a criatividade. De acordo com Daniel Levitin, autor de *A mente organizada: como pensar com clareza na era da sobrecarga de informação*:

"Se você quer ser mais produtivo e criativo e ter mais energia, a ciência determina que deve dividir o seu dia em períodos de execução de projetos. Checar as redes sociais deve ocupar um tempo determinado, e não se tornar uma interrupção constante ao longo do dia [...]. O aumento da criatividade acontecerá naturalmente na medida em que evitarmos realizar muitas tarefas simultâneas e ficarmos imersos numa única tarefa por períodos contínuos de, digamos, trinta a cinquenta minutos."

Greg McKeown também escreveu sobre a importância do foco no livro *Essencialismo: a disciplinada busca por menos*, no qual ele argumenta que a palavra "foco" pode ser tanto um verbo quanto um substantivo. Essa distinção é relevante, já que o sucesso não pede apenas o ato de focar mas também o de selecionar certo no que focar. Ele criou um gráfico que ilustra a importância de dar atenção exclusiva, bem como prestar atenção nas coisas que mais importam.

Greg usa os exemplos de Bill Gates e de Warren Buffet, pois ambos reconhecem que a chave do sucesso deles é a capacidade de usar os dois tipos de foco – nominal e verbal. Eles se veem como "editores-chefes" que selecionam o que merece ganhar foco. Greg afirma:

"Focar no que é essencial é uma habilidade poderosa, talvez a mais poderosa num mundo onde somos bombardeados com ideias que nos distraem, informações e opiniões. No entanto, se quisermos depositar sistematicamente nossa energia no que é essencial, precisamos desenvolver os dois tipos de foco. Só dessa forma podemos responder com segurança à pergunta: 'O que é importante agora?'"

Isso é relevante na obra clássica de Stephen Covey, que escreveu *Os sete hábitos das pessoas altamente eficazes*. Ele argumenta que o sucesso nasce do entendimento sobre a importância e a urgência de tudo que fazemos. No modelo de Covey, há quatro categorias de atividades: urgente e importante; urgente e desimportante; não urgente e importante; e não urgente e desimportante. Ele afirma que noventa por cento das pessoas passam a maior parte do tempo fazendo coisas que são *urgentes* e *importantes* e os outros dez por cento "morgando" em atividades *não urgentes* e *desimportantes*. Outras passam a maior parte do tempo fazendo coisas que são *urgentes*, mas são *desimportantes*. Acham que estão fazendo algo útil, mas na verdade estão apenas desperdiçando tempo.

Segundo Covey, as pessoas eficientes focam atividades que são *importantes*, mesmo que não sejam urgentes. Embora pareça contraintuitivo, ele recomenda que dediquemos a maior parte do tempo a atividades que são importantes mas não são urgentes. Isso inclui os planos para o futuro e a construção de relacionamentos.

Desse modo, nos preparamos para o futuro e conseguimos concluir todos os trabalhos. Covey diz que, ao fazer isso, "a sua eficácia aumentará drasticamente. Suas crises e seus problemas diminuirão até uma proporção gerenciável porque você estará pensando à frente, cuidando da raiz da questão".

Existem várias táticas que você pode adotar para conseguir focar nas tarefas mais importantes. Uma é ter uma área de trabalho bem organizada e limpa. Quando esse espaço está bagunçado, a desordem sobrecarrega o cérebro de forma significativa. Pesquisadores de Princeton e da Universidade de Illinois demonstraram, com imagens por ressonância magnética funcional (fMRI), que quanto mais imagens estiverem brigando pela nossa atenção, menor é a nossa capacidade de focar e mais estressados ficamos. Isso quer dizer que, quando o nosso mundo está em desordem, nossos pensamentos também estão.

Podemos também buscar inspiração observando *chefs* renomados. Eles desenvolveram um processo chamado *mise--en-place*, um termo francês que se refere à prática de separar e organizar todos os ingredientes antes de se começar a cozinhar. A técnica, que elimina distrações desnecessárias, tem como resultado tanto disciplina quanto foco. Para muitos *chefs*, a prática se estende para além da vivência na cozinha. Eles internalizam a filosofia e, em outras situações, tentam ter certeza de que todos os minutos e recursos estão sendo priorizados.

Além de pôr em ordem o seu espaço de trabalho para facilitar a concentração, você pode se certificar de que a mente ao ocupar aquele local está aguçada e recarregada. Nossas habilidades ficam seriamente comprometidas quando não estamos descansados. A pesquisa de William D. S. Killgore na Escola de Medicina de Harvard reitera trabalhos anteriores, os quais demonstram que as habilidades cognitivas em geral são comprometidas pela falta de sono. De acordo com essas investigações, a privação de sono provoca lentidão no processamento do pensamento, prejudica a memória, dificulta o aprendizado e retarda o tempo de reação. Para resumir, o trabalho que fazemos acordados é profundamente influenciado pela nossa qualidade e quantidade de sono.

A concentração torna sua mente uma faca afiada que pode cortar o cerne do problema. Para isso, é necessário praticar tanto o controle do tempo quanto o da mente ao lidar com algo que seja significativo para você. Quando joga fora o lixo para se livrar de obrigações que deixaram de ser importantes e mantém a mente e o seu espaço de trabalho em ordem, você consegue de fato focar.

PROJETOS

1. Observe por quanto tempo consegue focar num projeto sem interrupções. Escolha um local silencioso e uma tarefa que queira cumprir. Se achar que qualquer coisa tira a sua atenção, busque maneiras de eliminar as distrações, uma por uma. Por exemplo, desligue o computador e o celular e retire da mesa itens que estejam desviando a sua atenção.

2. O que está no seu compactador de lixo? Que coisas você poderia delegar ou eliminar?

3. Reveja a matriz desenvolvida por Greg McKeown na página 135. Além de estar focado nas coisas certas, você é capaz de focar ativamente? Se não for, o que precisa fazer para ir para o quadrante superior direito?

CAPÍTULO 6
REENQUADRE: REPROGRAME SEU CÉREBRO

Após sete anos de casamento, passei dois anos separada do meu marido, Mike. Isso aconteceu há vinte e dois anos. Naquele período extremamente difícil, tive uma revelação que mudou o modo como via – e ainda vejo – tudo.

Durante a nossa separação, havia dias em que me sentia especialmente bem em relação ao meu casamento e elencava na cabeça dezenas de coisas sobre o meu marido que me deixavam otimista em relação ao nosso futuro como casal. Havia outros dias, porém, em que a ideia de uma reconciliação parecia impossível à medida que eu repassava mentalmente todas as razões pelas quais éramos incompatíveis.

Um dia, voltei a examinar essas listas mentais e, para minha surpresa, descobri que muitas das coisas que eu admirava no meu casamento eram as mesmas que me frustravam. Esse insight me abriu os olhos: eu estava formando na cabeça uma imagem do relacionamento e poderia mudá-la se usasse um enquadramento diferente. Focar em interpretações positivas, e não nas negativas, possibilitou um caminho para recuperar a relação. Agora que acabamos de celebrar vinte anos casados, Mike e eu somos imensamente gratos por termos vencido essa fase desafiadora.

141

O poder de mudar o quadro de referências é relevante não só no casamento. Pode ser aplicado na solução criativa de problemas de todos os aspectos da vida e é uma das chaves para a inovação. As perspectivas ou enquadramentos que usamos são afetados por experiências passadas, circunstâncias do momento e o nosso estado mental. Ao entender isso, podemos alterá-los conscientemente para revelar insights importantes. Claro, alguns estão pregados com força e são difíceis de rearranjar. Mas, com esforço, conseguimos mexer até nesses enquadramentos. Podemos redefinir coisas tão curtas quanto uma senha de computador e tão longas quanto uma carreira.

Em 2011, o designer Maurício Estrella estava péssimo mentalmente, atordoado com o fim doloroso do seu casamento. Ficou desanimado quando o computador dele travou e ele teve que mudar a senha. Algo ínfimo e até frequente era só mais um aborrecimento no dia. Maurício afirma que, naquele momento, escolheu conscientemente olhar de um modo diferente para a senha do computador. Esta é a versão resumida da história:

"Deixando toda a frustração de lado, me lembrei de uma dica que ouvi do meu ex-chefe, Rasmus. Não sei bem como, ele combinava listas de afazeres com senhas, e pensei em adotar uma variação expandida disso.

Vou usar uma senha para mudar a minha vida...
Minha senha se tornou o sinalizador. Ela me fazia lembrar que eu não deveria me fazer de vítima pelo término recente e que era forte o bastante para tomar atitudes em relação a isso.

Mudei a senha para "Perdoe@3la".

No resto da semana, tive que digitá-la várias vezes ao dia. [...]

A necessidade de perdoá-la ficava na cabeça. Essa ação simples mudou minha maneira de enxergar a minha ex-mulher. O lembrete constante de que eu deveria perdoá-la me levou a aceitar o modo com que tudo se deu no fim do casamento, e me rendi a um novo jeito de lidar com a depressão em que estava me afundando.

Depois daquele dia, meu humor melhorou drasticamente. No final da segunda semana, percebi que a senha estava enfraquecendo e perdendo o efeito. Uma renovada rápida do "mantra" me ajudou. Pensava comigo mesmo "Eu perdoo ela" todas as vezes que a digitava. O efeito de cura voltou quase imediatamente. [...]

Um mês depois, meu adorável provedor de e-mail solicitou novamente uma mudança de senha. Pensei num próximo desafio a ser cumprido.

Mudei a senha para Parard&fumarpras3mpre.
E adivinha o que aconteceu? Estou falando sério. Parei de fumar da noite pro dia.

No mês seguinte, minha senha passou a ser Ec0nomizepraviajar@tailandia.

Adivinha para onde fui três meses depois? Pra Tailândia!"

Como Ian Urbina descreveu no *New York Times*, mais pessoas já usaram senhas para se motivar a vencer uma corrida, lembrar de uma data importante ou esconder um segredo. É um lembrete útil de que algo tão pequeno como uma senha pode ser utilizado para colocar o reenquadramento em prática.

Sempre adotamos um quadro de referências, mesmo que a escolha não seja consciente. Por exemplo, quando ouvimos uma música e não entendemos a letra completamente, preenchemos as lacunas com o que achamos que pode ser, com base no nosso próprio referencial. Isso tem até um nome: *mondegreen*, como Alina Simone explicou na Rádio Pública Internacional:

"A palavra *mondegreen* foi cunhada num ensaio pela escritora Sylvia Wright, no qual ela conta que interpretou errado um verso da balada escocesa 'The Bonnie Earl of Moray' (O belo conde de Moray). O verso era: 'Eles mataram o conde d'Moray, e lhe depuseram no verde'. "

E o que ela ouviu? "Eles mataram o conde d'Moray e lady Puseranuverd."[1]

Acontece que há razões científicas para ser tão fácil se equivocar com músicas e poemas. Primeiro, é preciso ter em mente que, "quando entendemos o que alguém diz, trata-se pelo menos em parte de uma alucinação", segundo Mark Liberman, linguista da Universidade da Pensilvânia. Extrair significado do som depende, na verdade, de uma combinação de escuta e expectativa. "Uma parte do que entendemos vem do som que entra nos ouvidos", explica Liberman, mas "outra parte vem das expectativas no nosso cérebro".

[1.] O verso original em inglês é: "They have slain the Earl o'Moray, and laid him on the green". Ao ser cantado, a parte do "laid him on the green" pode soar como "Lady Mondegreen". Isso originou o termo "mondegreen". (N. da T.)

Todos os dias, interpretamos o que os outros estão fazendo e enquadramos as ações deles. E, na maioria das vezes, erramos. Lembro-me perfeitamente de uma situação ocorrida muitos anos atrás quando estava num encontro com ex-alunos. Um jovem checava a todo instante o celular e enviava mensagens de texto. Achei grosseiro esse comportamento e, mentalmente, dei uma bronca nele. Quando a reunião terminou, ele pediu desculpas pela desatenção. Contou que o filho pequeno estava hospitalizado e que a esposa estava dando notícias. Me dei conta de que tinha feito uma suposição completamente errada. Ao considerá-lo pelo meu novo enquadramento, ele deixou de ser grosseiro e se tornou alguém extremamente dedicado a ponto de aparecer no encontro, apesar das circunstâncias.

E o que isso tem a ver com inovação? É primordial entender que o nosso quadro de referências determina como vamos enxergar os desafios e as oportunidades diante de nós, assim como o tipo de ideias que elaboramos. Ao alterarmos o nosso enquadramento, liberamos toda uma riqueza de novas ideias. Quanto mais radical for essa mudança, mais singulares serão as ideias. Portanto, reenquadrar é uma ferramenta potente para identificar oportunidades.

Talvez você tenha escutado a expressão "É uma pena desperdiçar uma crise". Creditada ao economista Paul Romer, essa frase nos lembra que reenquadrar nos permite enxergar grandes problemas como grandes oportunidades. Tenho um exemplo muito próximo disso. Durante a crise financeira de 2008, nós professores ficamos preocupados com a possível escassez de verbas para os nossos programas. O Programa de Empreendimentos Tecnológicos de Stanford estava ameaçado, havia um alto risco de muitos doadores do centro não conseguirem continuar apoiando o nosso trabalho. Fizemos disso uma chance para repensar toda a nossa estratégia de arrecadação de fundos. Buscamos apoio fora

145

da nossa base de apoio habitual no Vale do Silício – na verdade, decidimos ampliar nosso escopo para abranger todos os países. Isso nos possibilitou formar parcerias internacionais, da Finlândia ao Chile, o que no fim das contas expandiu a nossa atuação, abriu novas oportunidades interessantes para o corpo docente e discente e gerou as receitas de que precisávamos para sobreviver à recessão econômica. A crise abriu oportunidades. Se não tivéssemos sido forçados a questionar o que estava estabelecido, provavelmente nunca as teríamos explorado.

Numa aula no STVP, um pesquisador do programa Mayfield apresentou um estudo de caso sobre empresas de diferentes áreas que lidam com crises e as transformam em oportunidades. Entre os exemplos estão a resposta da Tylenol sobre a adulteração de medicamentos, a reação da Perrier após a suspeita de contaminação por benzeno da água com gás e a resposta da Mercedes sobre o lançamento do ano não ter sido aprovado num teste na Suécia. É evidente que algumas empresas tentam tapar o sol com a peneira, enquanto outras usam a situação ruim como oportunidade para reforçar a confiança do consumidor, reagem com iniciativas corajosas e saem fortalecidas da crise.

No icônico caso da Tylenol, em 1982, o abalo foi tão intenso que poderia facilmente ter destruído a empresa. Porém, a resposta dada se tornou um modelo para outras companhias. Por razões não esclarecidas, cápsulas de analgésicos foram adulteradas com cianeto, o que causou sete mortes. O presidente da Johnson & Johnson, grupo que controla a marca, tomou a decisão de retirar imediatamente o medicamento de todas as prateleiras de farmácia. Isso mostrou que a companhia faria de tudo para proteger os consumidores. Líderes da corporação abriram uma linha direta para os clientes, deram uma coletiva de imprensa para comunicar o que sabiam até aquele momento e divulgaram as novas embalagens invioláveis. As caixas passaram a ser seladas com cola e os vidros, com dois selos: um de plástico na tampa e outro de metal para vedar a abertura. Elas foram lançadas apenas seis meses após o ocorrido, o que comprovou que a empresa agia com rapidez. Todas essas ações acabaram fortalecendo a marca Johnson & Johnson, por mais que tenham sido deflagradas por uma crise.

É claro, ninguém quer estar em uma situação como essa. Mas, quando a crise acontece – e com certeza acontece –, ela lhe oferece a grande oportunidade de repensar tudo, reenquadrar a sua visão de mundo e ampliar a sua perspectiva de maneiras que você não supunha que seria capaz.

Todos nós temos uma capacidade tremenda de adaptar nosso pensamento, e é por isso que temos tanto potencial para a inovação. Essa flexibilidade pode ser literalmente vista no cérebro, em dimensão tanto microscópica quanto anatômica. Pelo microscópio, os pesquisadores conseguem ver espinhos minúsculos se formarem nos neurônios e desaparecerem em resposta a diferentes estímulos. Anatomicamente, é possível ver mudanças funcionais em regiões inteiras do cérebro, provocadas por alterações do comportamento. Esse fenômeno é chamado de flexibilidade homuncular.

Na ciência moderna, a palavra latina para "homenzinho", *homunculus*, descreve o mapa do corpo em escala distorcida usado pelas regiões sensoriais e motoras do cérebro. O mapa é distorcido porque o córtex reserva um espaço maior para receber estímulos sensoriais e transmitir reações motoras para partes do corpo como as mãos, a boca e os olhos, enquanto separa uma área menor para os braços e as pernas. Veja a seguir a imagem de um exemplo de homúnculo, que mostra como o cérebro realmente vê o nosso corpo.

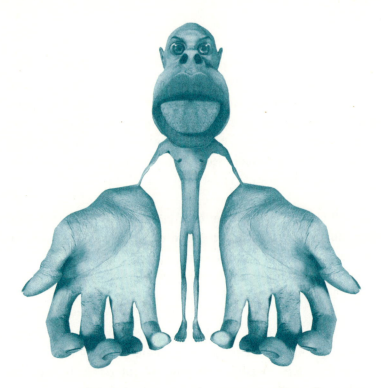

A flexibilidade homuncular ocorre sobretudo porque o cérebro tem plasticidade. Ou seja, ele muda dependendo de como é usado. Se um indivíduo perder a visão, por exemplo, a região do cérebro responsável pelo processamento de imagens é inibida e a região que processa o som é exacerbada. Da mesma forma, quando alguém toca piano ou violino, a região cerebral que controla os dedos é mais ativada. Essas mudanças ocorrem porque o cérebro é capaz de reagir a diferentes demandas do corpo. Esse processo é importantíssimo para a inovação porque demonstra que somos capazes de alterar fisicamente a nossa maneira de pensar.

Isso pode ser comprovado com a realidade virtual (RV). Nela, você coloca óculos e fones de ouvidos que inundam os sentidos com um mundo de fantasia, e sensores no seu corpo o conectam a um computador. Com a ajuda de um software sofisticado, você vai receber estímulos sensoriais diferentes dependendo dos seus movimentos, o que lhe permite interagir com o mundo virtual. Em Stanford, no Laboratório de Interação Humana Virtual (VHIL, na sigla em inglês), dirigido por Jeremy Bailenson, foram desenvolvidas experiências de RV que simulam um passeio pela cidade na pele do Homem-Aranha e um mergulho com os golfinhos. Você pode se ver envelhecendo ou até se transformar num recife de corais ameaçado pela acidificação do oceano. A pesquisa desse laboratório aborda como as experiências virtuais alteram o nosso modo de pensar, aprender e agir.

A realidade virtual também pode simular que estamos controlando uma cauda ou um terceiro braço. Em pouco tempo, o cérebro se ajusta para controlar esses apêndices totalmente novos. Pesquisadores da Universidade College London deram a trinta e dois voluntários uma cauda virtual controlada com os movimentos do quadril. Todos participaram de um jogo de RV no qual precisavam usá-la para acertar luzes coloridas fora do alcance da mão que aparecia na tela. Ninguém recebeu orientações para controlar a cauda, mas todos aprenderam rápido na prática. Em apenas dez minutos, os voluntários puderam controlar essa parte do corpo virtual com a mesma facilidade com que movimentavam as mãos.

Por ser formada em Neurociência e apaixonada por ensinar criatividade e inovação, decidi fazer uma parceria com o VHIL para levar essa tecnologia para a sala de aula de um novo curso, Engenharia da Inovação. Minha meta era usar a ferramenta para proporcionar aos alunos experiências que desafiassem os pressupostos deles sobre o que é possível no mundo real. Esperava que a experiência transbordasse na vida "real" deles, encorajando-os a questionar ideias pré-concebidas e reenquadrar problemas mais prontamente.

Na sala de aula, temos a sorte de dispor de vários *headsets* Oculus Rift, que usávamos com *headphones* para criar experiências virtuais. Os alunos se revezaram para usar a tecnologia que possibilitava que entrassem num mundo completamente diferente. Uma vez, os alunos experimentaram o mundo através dos olhos de um elefante, que era como um personagem de desenho e tinha uma tromba longa e maleável. Nesse cenário, percorreram um fantástico parque de diversões virtual cheio de objetos enormes que pareciam ser feitos de espuma de borracha. Os estudantes logo aprenderam como controlar a tromba com movimentos da cabeça para cima, para baixo e para os lados. Ao balançá-la, podiam atingir construções, rebater bolas no ar e tombar os carros virtuais.

Depois dessa experiência, os alunos fizeram um exercício no "mundo real" para enxergar situações familiares a partir de uma nova perspectiva. Por exemplo, pensar um modo de viajar sem malas e ter tudo que precisa à disposição no destino. Apesar de não ter sido um experimento controlado, todos na sala argumentaram que a atividade na realidade virtual os preparou para ver o mundo através de lentes diferentes e facilitou que encarassem de outra maneira aquele desafio. Estas foram algumas das ideias: drones que seguissem o viajante pelo aeroporto, impressoras em 3D que criassem no destino tudo que ele precisasse, um serviço de aluguel de roupas, um uniforme padrão que todos usassem para ninguém precisar mudar de roupa e, a minha favorita, uma mala que tem autonomia para viajar para qualquer parte do mundo – quando o viajante chega ao destino, a mala, cheinha de roupas limpas, encontra automaticamente o caminho até seu dono.

Há muitas maneiras de reenquadrar como você enxerga o mundo sem precisar de óculos de realidade virtual. Uma técnica é examinar concretamente os seus pressupostos e então questionar todos eles. Após refletir profundamente e desvendá-los, você estará apto a começar a contestá-los. Tenho o hábito de fazer um exercício com alunos e executivos no qual dou aos grupos uma lista de empresas de diferentes setores, de companhias aéreas a zoológicos, e peço para anotarem todos os pressupostos que têm sobre cada uma delas. Em seguida, falo para deixarem essas conjecturas de lado e imaginarem o que aconteceria se o oposto fosse verdade. Por exemplo, aqui estão algumas das suposições que um grupo relacionou sobre hotéis:

- CHAVES DO QUARTO
- SABONETINHOS
- TURISTAS
- SERVIÇO DE QUARTO
- CORREDORES BARULHENTOS
- LONGE DE CASA
- BOMBONS NO TRAVESSEIRO
- MINIBAR COM TRANCA
- HORÁRIO PARA CHECK-OUT
- CONCIERGE
- TV NO QUARTO
- SERVIÇO DE ARRUMADEIRA
- COMIDA CARA
- LIGAÇÃO PARA DESPERTAR

Todos esses pressupostos são um possível desafio. Por exemplo, o que teria que acontecer para um hotel oferecer horários de *check-in* e *check-out* flexíveis? Como seria se moradores da região, e não um concierge de hotel, recepcionassem e ajudassem os hóspedes a se localizar na cidade? E se houvesse uma cozinha aberta onde pudéssemos fazer um lanche a qualquer hora do dia ou da noite? E se pudéssemos escolher um quarto específico, como fazemos com o assento do avião? E se os hotéis fossem pensados não para hóspedes de fora, mas como um local na cidade para dar uma escapada da rotina com os amigos e a família? Os alunos usaram a lista de pressupostos para criar diversos conceitos inéditos para hotéis, ao contrariar algumas das expectativas que tinham em mente.

Outro grupo se dedicou a repensar a sala de cinema. Depois de analisar os pressupostos e contestá-los, eles tiveram muitas ideias interessantíssimas, como um novo conceito chamado Move Ease, que consistiria em passar um filme durante a aula de *spinning*. Em vez de ficarem sentados, os cinéfilos assistiriam ao filme enquanto se exercitassem. Na apresentação, o grupo sugeriu que o pagamento fosse cobrado no final da sessão – assim, se o cliente se exercitasse mais, pagaria menos pela experiência, o que seria um incentivo para pegar mais pesado na malhação.

Outra forma de reenquadrar um problema é levantar as soluções mais idiotas possíveis. Como discuti em detalhes em *Se eu soubesse aos 20...*, ideias estúpidas ajudam a trazer à tona os nossos pressupostos, pois exploram as nossas crenças mais arraigadas sobre o que não pode ser feito. Por exemplo, podemos achar absurdas sugestões como chupar balas no café da manhã, vestir as mesmas roupas todos os dias ou pedir carona no meio da rua para ir trabalhar. Mas elas instigam ideias interessantes sobre comida, moda e trânsito.

Pedi recentemente a um grupo de estudantes que apresentassem um desafio da vida deles – alguma coisa que lhes parecesse impossível. Eles trocaram ideias e disseram que todos queriam viajar pelo mundo, apesar de não terem dinheiro. Viajar longas distâncias de graça parecia um problema intransponível. Então os orientei a fazer um *brainstorming* para propor as piores soluções possíveis. Uma das que saiu foi comprar a prestações um jatinho privado para só pagá-lo depois da viagem. Tinha toda a cara de ser uma ideia bobinha, nada razoável.

Depois disso, orientei-os a fazer *de novo* um *brainstorming* para descobrir como poderiam colocar isso em prática. E eis que, em alguns minutos, eles acharam um jeito que até poderia funcionar. Resolveram criar um *reality show* para a TV no qual um grupo de estudantes de vinte e um anos viajaria pelo mundo para abrir negócios em diferentes países. A cada semana, o programa apresentaria um destino específico e um novo empreendimento montado para atender às necessidades da comunidade local. Os espectadores poderiam conhecer lugares diferentes, aprender sobre o ambiente de negócios de cada região e acompanhar as experiências desses jovens empresários. Para fazer tudo dar certo, seria necessário buscar investidores em cada parada.

Depois que a turma enxergou o desafio dessa maneira, a possibilidade de viajar o mundo sem uma fortuna para gastar não parecia mais tão fora da realidade. Embora ninguém tenha corrido atrás dessa ideia, todos perceberam que as ideias inéditas surgiram quando olharam para o problema de uma nova perspectiva. Esse tipo de reenquadramento é outra chave para a inovação.

Vamos ver como isso se dá numa iniciativa de empreendedorismo: Tristan Walker, presidente da Walker and Company, transformou uma questão particular difícil numa nova empresa. Tristan foi criado num conjunto habitacional de Nova York.

Determinado a ter uma vida melhor, ele estudou com afinco, fazendo de tudo para ficar entre os melhores da turma. Professores e mentores dele notaram como Tristan se dedicava e deram a ele oportunidades de ganhar experiência e conseguir uma boa educação. Ele foi para a Universidade Stony Brook, onde foi escolhido o orador da turma, e depois seguiu para Wall Street.

Aos dezenove anos, Tristan fez um estágio durante as férias na 'área de Finanças na Lehman Brothers. No primeiro dia, ele participou de um *tour* no andar de negociação de ações, com mais cem estagiários. Quando ele entrou na sala, um corretor gritou: "Tira essa merda da sua cara!".

Ele voltou para casa para refletir sobre o dilema. Tristan é negro e, por isso, tinha dificuldade de barbear os pelos crespos. Assim, com frequência deixava a barba crescer por um ou dois dias. Não era ele o único com esse problema. Os aparelhos de barbear atuais têm várias lâminas e, como são projetados para levantar os pelos faciais, cortam-nos num ponto abaixo da epiderme. Desse modo, o resultado é mais preciso e suave. Para homens de barba grossa e crespa, no entanto, isso é um problema. O pelo é cortado abaixo da pele, como esperado, mas volta a crescer como era. Acaba que ele encrava e causa nódulos e desconforto. Para um jovem preocupado com a aparência, era não só desconfortável como também dolorosamente constrangedor.

Tristan foi à farmácia ver se conseguia uma solução. Os únicos produtos feitos exclusivamente para negros estavam escondidos na última prateleira, cobertos de poeira. Uma das embalagens estampava a foto de um senhor negro, mas não havia instruções de uso do produto. Parecia que aquilo também não servia para ele. Por fim, Tristan comprou um aparelho de barbear com múltiplas lâminas, que deu conta da barba mas deixou um monte de pelos encravados e inflamados, inevitavelmente.

Esse dilema permaneceu conforme ele avançava na carreira, de Wall Street para a Escola de Negócios de Stanford, o Twitter, o Foursquare e, em seguida, na residência de empreendedorismo da Andreessen Horowitz. O objetivo dele lá era identificar um novo negócio para montar. Dez anos após o momento constrangedor no andar de negociações, ele resolveu reenquadrar aquela situação que o tinha envergonhado durante anos. Em vez de ver a barba como um problema, pensou como ela poderia se abrir como oportunidade. Essa nova perspectiva gerou a mais nova empreitada dele.

Tristan criou a Walker and Company com o objetivo de facilitar os cuidados de saúde e beleza para negros. Com foco determinado, ele e sua equipe aceitaram o desafio com um olhar novo e desenvolveram uma linha inteira de produtos para barbear, com pincéis, lâminas e loções, acompanhados de material informativo sobre como e por que usá-los. O negócio foi lançado uma década depois de ele ter se deparado com o problema pela primeira vez. Isso não é incomum. Geralmente são necessários anos de preparação, na incubadora, até se estar pronto para reenquadrar o problema e achar uma solução eficaz.

Todas as situações da nossa vida podem ser vistas a partir de diferentes enquadramentos. Um episódio maravilhoso que resume isso é contado por Benjamin Zander e Rosamund Stone Zander no livro *A Arte da Possibilidade*: uma fábrica de sapatos envia duas pessoas do marketing para uma região da África para estudarem as perspectivas de expansão dos negócios. O primeiro envia um telegrama para a fábrica dizendo: "Beco sem saída. Ninguém usa sapato." Já o segundo manda uma mensagem triunfante: "Oportunidade de negócios magnífica. Eles não têm sapato."

Vivenciamos o mundo com um conjunto de pressupostos oriundos de experiências passadas e do nosso estado mental no presente. Ao questionar esses pressupostos, enxergar os desafios como oportunidades e estarmos dispostos a mudar de perspectiva, podemos desbloquear ideias inovadoras que são inéditas para o mundo.

Agora já percorremos o caminho do Ciclo da Invenção da imaginação para a criatividade e a inovação. Ao longo do trajeto, exploramos como ocorrem as atitudes (vislumbrar, motivar e focar) e as ações (engajar, experimentar e reenquadrar) e revelamos oportunidades, insights e ideias revigorantes. Cada etapa se baseia na anterior, o que cria uma estrutura sólida a ser empregada inúmeras vezes. Vamos seguir adiante para o empreendedorismo, no qual aplicaremos essas competências para transformar nossas ideias em realidade.

PROJETOS

1. Pratique a flexibilidade humuncular, aprenda a escrever ou escovar os dentes com a mão oposta.

2. Escolha alguma coisa do seu cotidiano que você não curte e procure uma maneira de torná-la prazerosa. Pense em como poderia encarar a situação de maneira diferente e em coisas específicas que poderia fazer para mudar sua percepção.

3. Confira os objetivos que você tem para si e invente uma lista de maneiras malucas de conquistá-los. Descubra como fazer essas ideias funcionarem na prática.

PARTE QUATRO

EMPREENDEDORISMO: PERSISTA E INSPIRE

Há muitos anos, eu estava trabalhando com colegas da Universidad del Desarrollo e da Universidad Católica, no Chile. Elaborávamos formas de alavancar o ensino do empreendedorismo nessas instituições, assim como no país como um todo, e nos exigíamos inventar alguma coisa tão ousada que provocaria uma onda de entusiasmo.

Como parte do *brainstorming*, bolamos uma grande ideia. E se contratássemos um navio – um "navio empreendedor" – e levássemos alunos de duas universidades chilenas e de Stanford para a Patagônia, no Sul do Chile? Essa embarcação navegaria durante cinco dias, com paradas diárias em portos, e visitaria fiordes deslumbrantes, além de nos presentear com a vista para montanhas, glaciares e a vida selvagem. Assim, os alunos poderiam conhecer a beleza incrível da região, realizar intercâmbios culturais, aprender ferramentas de *design thinking* e assumir desafios de empreendedorismo nos arredores. Levaríamos conosco um fotógrafo e um cinegrafista para registrar a história que depois compartilharíamos.

Que ideia excelente, não é mesmo? E aí, o que aconteceu? Começamos a apresentá-la para todos: os gestores da universidade, as empresas no Chile que operam navios para a Patagônia, os grupos com possíveis problemas a serem solucionados pelos alunos, as organizações com potencial para financiar a iniciativa, os repórteres que queríamos que cobrissem a viagem e estudantes do Chile e do estado da Califórnia.

A empreitada levou vários anos, nos quais angariamos apoio, levantamos recursos, verificamos potenciais projetos para os alunos e organizamos toda a logística. Enfim, tinha chegado a hora de selecionar os estudantes. Em Stanford, convidamos os interessados para uma "entrevista" coletiva. Tínhamos montado uma grande banheira e instalamos um ventilador na beirada para simular a força dos ventos da Patagônia. Em grupos, os alunos tinham que construir um barco em dez minutos apenas com o material disponível – itens como papel-alumínio, elásticos de borracha e fita. O barco precisava percorrer a extensão da banheira carregado de moedas. Esse tipo de exercício revelou em pouco tempo quem sabia trabalhar bem em equipe, assim como quem estava ansioso para mergulhar de cabeça na experiência.

Em março de 2013, durante o feriado de primavera, zarparam no navio vinte alunos de Stanford, quarenta alunos chilenos e cerca de dez funcionários de Stanford, da Universidade del Desarrollo e da Universidade Católica. Todos os dias, havia palestras e workshops sobre a solução criativa de problemas, sessões sobre o ecossistema local e excursões em terra para conhecer a Patagônia. Organizados em equipes interculturais, os alunos enfrentaram juntos desafios como revitalizar a economia de uma cidade próxima, promover o ecoturismo na Patagônia, melhorar o ensino nas escolas primárias da região e construir mais pontes culturais entre o Chile e o estado da Califórnia. Era admirável ver essa ideia finalmente ganhar vida!

Essa foi uma iniciativa de empreendedorismo – em outras palavras, um ato de criação: partir do nada e gerar alguma coisa. Ela se baseou na premissa de que podemos realizar muito mais do que o imaginável com muito menos do que parece possível. Esse processo exige persistência bem estruturada e a capacidade de mobilizar as pessoas, dois pontos que serão discutidos nos próximos capítulos.

CAPÍTULO 7
PERSISTA: O QUE CONDUZ O SEU BARCO?

Vestindo apenas uma sunga, óculos de natação e uma touca, Lewis Pugh foi a primeira pessoa a completar nados de longas distâncias em todos os oceanos do mundo, incluindo o Oceano Ártico e o Polo Norte, onde ele passou dezoito minutos nas águas congelantes. Lewis enfrentou esse feito inacreditável impelido pela motivação de conscientizar as pessoas sobre o impacto das mudanças climáticas nos ecossistemas mais vulneráveis do planeta. Ele escolheu o Polo Norte porque queria dar visibilidade a essa região onde o gelo está derretendo.

Lewis imaginou os movimentos que faria centenas de vezes ao longo de um ano de treinamento. Essa prática possibilitou que ele mentalizasse o processo inteiro, da largada à chegada. Montou uma equipe de vinte e nove pessoas de dez países para ajudá-lo a cumprir o objetivo – entre eles, um médico, um navegador e vários treinadores. Juntos, inventaram inovações que colaboraram para o sucesso dele, como novas séries de exercícios e procedimentos de recuperação imprescindíveis para essa vitória.

Lewis nasceu em Plymouth, na Inglaterra, e quando criança ele viu estátuas de exploradores famosos que haviam partido da cidade, como Sir Francis Drake, que realizou no século 16 a segunda circum-navegação do mundo. Aos sete anos, decidiu que também iria fazer algo marcante. Três anos depois, a família se mudou para a Cidade do Cabo, na África, e ele continuou próximo do mar. Estudou para se tornar advogado especializado na preservação dos oceanos, mas logo descobriu que aquilo não era suficiente para ele. Queria ter um impacto ainda maior. Em 2003, teve a ideia audaciosa de nadar todos os mares ameaçados no planeta e dar visibilidade aos ecossistemas que necessitam de proteção.

Após um ano de planejamento e preparação, Lewis estava pronto. A equipe inteira pegou carona num navio de carga até o Polo Norte e pediu ao capitão que fizesse uma parada rápida. Naquele ponto, a profundidade era de 4.200 metros, e a água era extremamente fria. Fora isso, foi preciso que guardas protegessem o nadador de possíveis ataques de ursos-polares no mar.

Quando Lewis mergulhou no oceano gélido e escuro, ficou literalmente sem ar e sentiu que as mãos estavam pegando fogo. Para a missão parecer menos assustadora, ele a quebrou mentalmente em partes. Integrantes da equipe estavam posicionados ao longo da margem, com bandeiras para indicá-los, e o acompanhavam correndo, usando placas para dar informações vitais sobre como estava progredindo. Lewis tinha programado como meta nadar até a primeira bandeira, e depois a segunda, a terceira e assim por diante. Cada bandeira o lembrava de alguém que estava tão comprometido quanto ele com a missão. Não queria decepcionar nenhum dos seus colegas de equipe.

Quando Lewis saiu da água, ao completar um quilômetro de nado, puxaram-no para o barquinho, envolveram-no na toalha e o levaram rápido de volta ao navio para um banho quente. Ele precisava ser descongelado – sim, era exatamente isso. Os dedos haviam congelado por dentro e estavam tão inchados que Lewis não podia fechar as mãos. Ficou quatro meses sem senti-los.

Lewis foi capaz de concluir esse grande feito com uma persistência feroz, que desde então inspirou milhares de pessoas no mundo todo. O nado no Ártico foi uma conquista física e mental. A missão demandou um foco extraordinário e coragem, assim como horas de treinamento para desenvolver a força e as habilidades necessárias.

Empreendimentos inovadores de todos os tipos são literalmente feitos com desejo e dedicação constante. Pense no processo de construir um arranha-céu ou correr uma maratona. No começo, não há nada além da visão de alcançar o objetivo. Quanto maior for o seu desejo de alcançar a linha de chegada, mais obstinado você será e mais probabilidade terá de conseguir.

É assim com qualquer habilidade: após começar com passos pequenos, você pode praticar e fortalecer a sua resistência mental. Faço isso nas minhas aulas propondo aos alunos desafios que os fazem sair da zona de conforto. Costumo pedir a eles que pensem em pelo menos cem soluções para um dado problema. Pode ser algo bobo, como encontrar usos para elásticos de borracha, ou algo mais sério como formas de economizar água durante as secas. À primeira vista, a sugestão parece doida, mas, assim que eles colocam essa meta na cabeça, acham que atingi-la fica muito mais fácil.

No segundo semestre de 2014, dei o curso on-line Criatividade: música para os meus ouvidos, em parceria com a Warner Bros. Records. Todos os trabalhos dessa aula tinham como temática a música. Solicitei que os vinte e cinco mil inscritos confeccionassem a capa do disco da vida deles como forma de se apresentarem. Os alunos também entregaram um "mapa mental" ilustrando sons que tinham observado num ambiente próximo a eles. O trabalho final consistia em escrever letras de músicas que registrassem lições do curso.

Um trabalho em grupo de duas semanas de duração tinha como objetivo usar a música para lidar com um desafio. Os alunos se organizaram em grupos de sete, por meio das ferramentas de formação de equipes disponíveis na plataforma NovoEd. Alguns grupos tinham integrantes de vários continentes, cada um com uma perspectiva singular. Juntos, selecionaram um problema a ser resolvido, como por exemplo, como acabar com o ronco do parceiro ou economizar energia em casa. A primeira missão era criar ao menos cem soluções para cada questão, e todas elas precisavam estar de alguma maneira relacionadas à música. Muitos participantes consideraram aquele número absurdo. Alguns até acharam que se tratava de um erro de digitação. Vários alunos comentaram no blog da turma:

– Acho que a Tina quis dizer dez ideias.
– Cem ideias é impossível!
– Essa é justamente a questão – respondi. – Inovação é um trabalho árduo. Criar ideias únicas demanda persistência.

Assim que eles entenderam que o processo era para ser difícil, a maioria dos grupos se aplicou, aguentou as pontas e levantou o número exigido de soluções para o problema escolhido.

Os estudantes descobriram que as ideias mais interessantes em geral surgem quando se acredita que as possibilidades estão esgotadas. Por exemplo, depois de avaliar todas as soluções óbvias, como tocar música para abafar o ronco, um grupo pensou numa máscara facial que convertesse roncos altos numa música relaxante. E o grupo que trabalhou na economia doméstica de energia propôs uma casa que tocasse músicas diferentes para informar imediatamente os moradores sobre o nível de consumo de luz.

Para servir de inspiração, o curso contou com vídeos de entrevistas com artistas da Warner Bros., entre eles Josh Groban, Jason Mraz, Lily Allen e Mike Shinoda, do Linkin Park. Uma coisa que todos os artistas comentaram foi que trabalham pesado no processo criativo e para levar as músicas para os fãs. Pouquíssimas canções já nascem prontas. O mais comum é que uma composição leve meses, pois os artistas e seus parceiros reescrevem repetidas vezes a melodia e a letra da música.

De acordo com Josh Groban, "um dia bom é quando entramos e saímos ouvindo o que queríamos ouvir. Um dia excelente é quando saímos ouvindo o que nem sabíamos que queríamos". Ele reconhece que isso só acontece após horas de esforço focado durante o qual a equipe criativa ultrapassa barreiras até chegar a algo realmente inovador. Ele também contou como é a rotina durante as turnês, nas quais é necessário um planejamento cuidadoso de cada dia para garantir que os shows de duas horas sejam otimizados.

Passei um trabalho de grupo semelhante para meus alunos em Stanford, pedindo que fossem muito além do que se consideravam capazes. Após três semanas, em que os grupos criam centenas de ideias, elegem as favoritas e constroem protótipos e os testam com usuários para receber *feedback*, eles apresentam os resultados para a turma. Em seguida, dou a notícia de que agora terão que refazer o trabalho do começo.

A cara dos alunos já diz tudo. Estão em choque, decepcionados. A ordem para voltar ao começo parece um castigo. A frustração se desfaz em aceitação, porém, quando eles percebem que esse novo trabalho é na verdade uma oportunidade. A rodada número um revelou uma primeira leva de soluções, e os testes levantaram *feedbacks* úteis. Voltar ao começo dá a eles uma chance de fazer um trabalho melhor. Os estudantes voltam a mergulhar nos projetos e, duas semanas mais tarde, vemos ideias e apresentações substancialmente melhores.

Por volta do final da segunda rodada, a aceitação dos alunos se transforma em gratidão. No fundo, eles sabiam que não tinham dado tudo de si na primeira vez e que havia como melhorar as ideias, os protótipos e as apresentações. No fim do curso, muitos elegem esse um dos seus trabalhos favoritos. Relatam que aprenderam a importância de ir além do ponto que acreditavam ser o final, de modo a persistir e chegar ao melhor resultado possível. Se o curso fosse mais longo, eu poderia passar o mesmo trabalho mais vezes. Cada repetição revelaria uma leva de ideias e insights, com resultados ainda melhores.

A capacidade de ir além do ponto em que os outros param muitas vezes é chamada de "garra". É a tendência de manter o interesse e o esforço rumo a uma meta de longa duração. Existem muitos trabalhos sobre a importância da garra pessoal para o sucesso em todas as áreas. Aliás, já se descobriu que a garra é um melhor indicativo do sucesso do que a inteligência pura. A psicóloga Angela Duckworth tem como tema de pesquisa o impacto dessa característica no sucesso. Ela escreve:

"Muito mais do que o condicionamento físico e outras formas reconhecidas de medir o talento, como o QI, o vestibular ou testes de desempenho padronizados, a garra prevê quem vai sobreviver ao primeiro verão de treinamento árduo em West Point, quem vai chegar às últimas etapas do concurso nacional de soletração, quem vai permanecer nas forças especiais do exército americano, além das taxas de retenção e desempenho dos professores recém-formados e as de conclusão de curso no ensino médio da rede pública de Chicago."

Duckworth criou a Escala de Garra, com base em mais de dez questões que medem a perseverança. Elas tratam de características como a capacidade de estabelecer metas, focar numa tarefa durante um longo período e superar os revezes pelo caminho. A psicóloga descobriu que esses atributos podem mudar no decorrer da vida e que as pessoas conseguem aprender a ter mais garra. Duckworth e os colegas dela também concluíram que a garra é reforçada quando as pessoas aprendem que a frustração e os erros são parte natural do processo de aprendizado, e não um sinal de que deveriam desistir. Quando contei aos alunos que criar centenas de soluções para um problema precisava *mesmo* ser desafiador, eles ficaram mais propensos a terminar a tarefa com sucesso. Essa simples afirmação os ajudou a reunir garra.

A garra também é um indicativo enorme do sucesso empreendedor. Para uma ideia audaciosa ganhar vida, é preciso expô-la a riscos que podem acabar com ela, e somente os inovadores com dedicação de longa duração são capazes de progredir nessas condições. Todas as novas empreitadas estão basicamente tentando morrer, e é necessário um esforço imenso para mantê-las vivas no começo. Um aspecto fundamental da garra é a capacidade de se empenhar rumo a um objetivo distante. Você precisa ter uma visão para o futuro (como discuti detalhadamente no capítulo sobre a capacidade de vislumbrar). Precisa do desejo de obter aquela meta (como descrevi no capítulo sobre motivação). E precisa focar seu tempo e sua atenção em atingi-la (como expus no capítulo sobre foco).

Ao longo dos anos, deduzi um padrão comum a quem atravessa o percurso da inovação ao empreendedorismo. Eles sabem dar passos que são grandes o suficiente para serem desafiadores, mas também pequenos o suficiente para serem administrados rumo aos objetivos. Quanto mais experiência tem o empreendedor, maiores são os passos dele e mais coisas ele conquista. Ao reaproveitar o que já aprendeu, os recursos acumulados e a autoconfiança adquirida, um empreendedor de sucesso expande os objetivos alinhados às habilidades dele.

Quem não calcula bem as próprias passadas está condenado a ter um destes destinos: dar passinhos pouco arriscados, mas que não levam muito longe; ou dar passos gigantes além da própria capacidade e, inevitavelmente, tropeçar. O segredo é descobrir o tamanho do passo que você deve dar, com desafios o bastante para tornar a coisa interessante, mas sem exagero para não se machucar a ponto de ficar sem condições de levantar e tentar de novo.

A persistência tem vários aspectos, como o trabalho árduo, a dedicação e a capacidade de defender suas ideias quando encontrar os incrédulos. Muitas ideias fabulosas soam malucas quando são apresentadas pela primeira vez e pode ser complicado fazer os outros comprarem. Alguns casos emblemáticos são a Tesla (mais uma montadora de carro, tem certeza?), o Twitter (textos de 140 caracteres, só pode estar brincando...) e a SpaceX (isso nunca vai funcionar!).

Vejo com frequência as pessoas tendo dificuldades para desenvolver as ideias delas, com medo da aprovação dos outros, inclusive dos pais. Lembro, a quem me pede conselho, que resistência a suas ideias é na realidade um presente, no sentido de ser uma chance de assentar as suas próprias convicções. Se não estiver disposto a brigar pelas suas ideias desde o começo, não será capaz de lutar por elas quando o embate ficar mais intenso. Se todo mundo sempre concordasse com as suas ideias, você nunca saberia o quanto acreditava nelas e se estava se dedicando a elas por você mesmo ou por outra pessoa. Aprovação total também sugere que você provavelmente não está dando tudo de si ou buscando críticas objetivas.

Todos que alcançaram êxitos significativos enfrentaram opositores contra suas ideias, mas foram capazes de manter o rumo com determinação. Ao observá-los depois de terem obtido um determinado nível de sucesso, geralmente não enxergamos a dedicação deles diante das críticas iniciais. Olhar a trajetória completa é útil para ver como começaram, os primeiros passos que deram e como cada realização se baseou na anterior. Com o tempo, talvez o caminho pareça menos acidentado, mas nunca deixa de ser um caminho. E sempre haverá percalços.

Richard Branson é um bom exemplo disso. Fundador do Virgin Group, possui mais de quatrocentas empresas. Começou a carreira de empreendedor com pequenos negócios, e a cada sucesso se forçava a ir um pouco além. O primeiro foi uma revista estudantil e o segundo, uma empresa que vendia discos pelos correios. Depois disso, abriu uma loja de discos, que expandiu e transformou na rede Virgin Records. Escolheu esse nome porque ele e a equipe de poucos funcionários eram novatos no ramo. Com o sucesso nas vendas, lançou um selo de gravadora com o mesmo nome. E continuou abrindo um negócio após o outro – uma companhia aérea, uma reserva de caça e uma empresa de telefonia móvel –, com base na experiência dele, nos recursos e na autoconfiança. Na sua autobiografia, Branson afirma: "O que me interessa na vida é estabelecer grandes desafios aparentemente inalcançáveis e tentar ultrapassá-los. [...] Por desejar viver com plenitude, senti que precisava tentar." Porém, a jornada dele é recheada de fracassos, como esses citados na *NextUp Asia*:

"Lançada por Richard Branson em 1994 como a rival da Coca-Cola, a Virgin Cola praticamente desapareceu. Já a

Virgin Clothes prometia criar novas tendências para os jovens terem um guarda-roupa mais ousado. Na primeira oferta de ações ao mercado, em 1996, deu prejuízos aos investidores. A Virgin Money foi anunciada com uma campanha publicitária que viralizou em meio a controvérsias e críticas. Nela, Richard Branson saía nu do mar. De todo modo, os investidores não tiveram o grande retorno financeiro esperado. E então vieram a Virgin Vie, a Virgin Vision, a Virgin Vodka, a Virgin Wine, a Virgin Jeans, a Virgin Brides, a Virgin Cosmetics e a Virgin Cars."

Esta é a opinião de Branson:

"O desafio é levar adiante uma grande ideia. Se você já tem uma, só precisa tentar. Se cair de cara, levante-se e tente de novo. Aprenda com os próprios erros. E, lembre-se, para ter sucesso, precisa fazer uma diferença real na vida das pessoas."

A missão de fazer algo memorável nos obriga a aproveitar os recursos à nossa volta. Mas quais são eles? A maioria das pessoas pensa primeiro no dinheiro. Claro, é necessário, mas está longe de ser tudo. Nas minhas aulas, faço os alunos listarem todos os recursos que têm e compartilharem essa informação com a turma. Logo fica evidente que há um tanto de coisas que não valorizamos conscientemente. Alguns exemplos: a internet, um carro funcionando, celular, amigos, família e saúde. Esse é o topo do iceberg. Todos nós temos muitos recursos que podemos aproveitar para cumprir as nossas metas.

Existem recursos mesmo nas regiões mais pobres do mundo. Pense nos refugiados de Uganda, que não têm praticamente nada. Mohammed Osman Ali, refugiado somaliano de trinta e dois anos, abriu um negócio no qual montou um videogame com peças avulsas e o fez funcionar com um gerador a diesel. Ele cobra para outros refugiados usarem esse fliperama improvisado por períodos de dez minutos. Após escapar da guerra na Somália na caçamba de um caminhão há cinco anos e ter tido quase todos os parentes assassinados, Ali fez o fliperama e, com o lucro, abriu ao lado uma loja gerenciada pela esposa, que vende suprimentos como tintas, pregos e roupas. A fonte do sucesso dele é saber usar os recursos à sua disposição, por mais escassos que sejam.

Tenha em mente que há um outro lado da persistência. Podemos nos exigir demais a ponto de nos machucar física ou mentalmente. Já passei por isso. Esta é a minha história:

Eu tenho a sorte incrível de ter um trabalho estimulante, colegas maravilhosos e alunos inspirados. As possibilidades num ambiente assim são infinitas. Por isso, todos os dias me cobro a espremer até a última gota de cada oportunidade e, ao longo dos anos, fui recompensada pelo meu alto nível de engajamento.

Em 6 de outubro de 2014, eu estava no aeroporto de São Francisco, a caminho da Noruega. Essa viagem foi colada a uma ida relâmpago a Nova York, na qual não dormi quase nada porque o hotel era muito barulhento. Meu destino agora era o Círculo Polar Ártico, onde deveria conduzir um workshop para um grupo de jovens empreendedores. Enquanto esperava o voo, tive a convicção súbita de que não deveria entrar no avião. Estava completamente exausta e fiquei com medo de essa viagem acabar comigo de vez. Estava viajando com um colega e expressei a ele as minhas reservas. Ele me olhou surpreso. Eu iria mesmo desistir da viagem? Claro que não. Peguei o voo.

Quando chegamos à Noruega, após três longos voos, meu colega e eu demos o workshop e fizemos a jornada de volta para casa. Por conta do *jet lag*, não tinha dormido várias noites e estava um caco. Voltei à Califórnia numa noite de domingo e, na manhã seguinte, estava programada para dar uma oficina de três horas para um grupo do Brasil. Encontrei com o pessoal como planejado, mas minha mente estava à deriva e meu corpo doía enquanto eu conduzia a sessão.

Na verdade, eu tinha acumulado tantas responsabilidades que sentia que seria sufocada. Estava assustada, mas não sabia como desacelerar. Todos os dias, continuava a cumprir minha longa lista de compromissos – e assumia outros –, e enquanto isso ia me sentindo cada vez mais cansada e desorientada. Para combater os ataques de pânico diários, tentei desesperadamente manter os meus batimentos cardíacos sob controle.

Em 30 de outubro, eu deveria dar um workshop sobre solução criativa de problemas na penitenciária San Quentin, para o qual havia me voluntariado. Meu marido, Mike, foi comigo. Antes de a sessão começar, virei para ele e disse: "Estou muito mal". Mike perguntou se deveríamos ir embora, mas respondi que não. Eu queria conduzir a oficina e dei o meu melhor.

A caminho de casa, meu coração começou a palpitar com força, e eu não conseguia respirar. Pedi à Mike que me levasse ao hospital. Ele dirigiu a toda na via expressa e eu fui parar na sala de emergência do Hospital de Stanford, onde os médicos fizeram todos os tipos de exames: raio X, ultrassom, tomografia computadorizada, hemograma, entre outros. Não tinha nada errado comigo, eles concluíram, tirando o fato de meu coração estar com piques de aceleração e a minha pressão estar lá no teto. Às duas da manhã, fui liberada. No dia seguinte, fiquei em casa pela manhã, mas à tarde insisti em ir ao trabalho para participar de uma reunião com meus colegas, planejada havia muito tempo.

O outro dia era sábado. Naquela manhã, subi as escadas com Mike para medir as janelas do nosso banheiro e comprar persianas novas. Meu coração disparou loucamente, até eu desabar no chão. Não conseguia respirar e senti náuseas. Mike calçou o sapato e me levou correndo de volta à emergência, onde fiquei sob observação o dia inteiro. O veredito: meus sintomas eram causados pela exaustão extrema, estresse e ansiedade.

Na segunda-feira, meu médico deu uma olhada em mim e ordenou que eu tirasse um mês de licença médica. Durante a recuperação, tive muito tempo para refletir sobre o equilíbrio entre persistência e sobrevivência, e me veio uma metáfora que ilustra o que aprendi com essa experiência. É o seguinte:

Cada um de nós está navegando o mar num barco resistente. Temos liberdade para navegar como quisermos, ao sabor de todos os ventos do mundo. Há dias de águas calmas e outros de ondas grandes; há dias de sol brilhante e outros de tempestade. O barco é feito para aguentar isso tudo. A chuva e os rios compensam a água que evapora do oceano, e o equilíbrio do sistema é preservado.

No fundo do mar, há montanhas. Não podemos vê-las a não ser que o nível da água caia demais, e normalmente elas não influenciam as correntes marítimas. Mas surge um problema quando o oceano se esvazia por falta da água pluvial ou fluvial. Você pode se enganar achando que está tudo bem; enquanto isso, o nível cai cada vez mais. No entanto, em algum momento seu barco vai bater no fundo e ficar preso nas pedras.

A água são as suas reservas de energia, e as montanhas, seus pontos fracos. Você alimenta as suas reservas cuidando de si mesmo – descansando o bastante, comendo bem, exercitando-se e passando tempo com os amigos e a família. As montanhas representam as primeiras coisas que acontecem quando está estressado, como ansiedade, dores de barriga, insônia, dor de cabeça ou de garganta.

Quando o barco atinge as pedras, é possível fazer duas coisas para se recuperar: aumentar as suas reservas e/ou aprender como navegar pelas montanhas. Para encher o oceano, é preciso recarregar as energias lentamente; para evitar as montanhas, é preciso aprender a lidar com o estresse. Ambas as estratégias pedem tempo e esforço, e consertar os danos no barco não é diferente. Claro que é muito melhor evitar que se chegue ao fundo. Isso demanda dedicação para cuidar de si e para ficar atento ao "nível da água" e se preparar para alguns períodos de seca inevitáveis.

A persistência é necessária para dar vida às suas ideias. Você precisa definir metas, focar numa tarefa por um período longo e atravessar os obstáculos pelo caminho, o que exige garra tanto física quanto mental. Contudo, isso não é suficiente. Você precisa reabastecer as suas reservas durante o percurso e cuidar de si. Assim, terá energia física e mental para alcançar seus objetivos. Cada dia é um passo em direção ao seu futuro, e as escolhas que você faz hoje determinam as oportunidades que terá amanhã.

PROJETOS

1. Faça uma lista de todos os recursos que você tem. Comece com coisas óbvias e se aprofunde para identificar os demais recursos tangíveis e intangíveis dos quais dispõe.

2. Dê alguns "passos" esta semana que são um pouco maiores do que você se vê capaz. Por exemplo, voluntarie-se para fazer algo que vai exigir um pouco mais de esforço do que está acostumado ou encare um problema que pareça complicado à primeira vista. Depois, tire um tempo para refletir. Os resultados foram os esperados ou você conseguiu dar conta desse passo maior com leveza?

3. Em que nível está o seu "oceano"? Qual é a distância entre a superfície da água e as montanhas? Você consegue identificar as montanhas cujo topo está mais próximo da superfície? O que está fazendo para se reabastecer? O que mais poderia fazer?

CAPÍTULO 8
INSPIRE: CONTE-ME UMA HISTÓRIA

As realizações mais significativas são uma grande construção – não dá para erguê-las sozinho. Elas requerem um grupo de indivíduos dedicados ao sucesso do projeto. Portanto, se você quer realizar alguma coisa de valor, precisa influenciar as pessoas a apoiar a sua iniciativa e, assim, ampliar o seu impacto. Isso passa por encorajá-las a se juntar à sua equipe, financiar o seu trabalho, usar seus produtos e divulgar a notícia. Artistas, músicos, *chefs*, inovadores da tecnologia e outros empreendedores que querem alcançar um público maior passam pelo mesmo processo.

Diversos modelos eficazes analisam pessoas que inspiraram outras a se juntarem à causa delas e, com isso, expandiram o próprio alcance. Cada um deles oferece uma perspectiva diferente sobre como recrutar quem possa ajudá-lo a conquistar seus objetivos.

O primeiro, desenvolvido por Liz Wiseman e Greg McKeown, destaca os "multiplicadores", que estimulam a criatividade e a produtividade da organização. São pessoas que atraem talentos fantásticos ao criar um ambiente que motiva todos a darem o seu melhor. Para tanto, propõem desafios audaciosos que estimulam a imaginação, fomentam uma cultura de diálogo construtivo e dão autoridade e crédito a quem contribui. Essas atitudes elevam o ânimo e a motivação e geram uma melhoria gigantesca dos resultados. Wiseman e McKeown afirmam:

"Dito de forma simples, quando você convoca os melhores pensamentos das pessoas e lidera como um multiplicador, sua equipe vai lhe oferecer mais – mais esforço facultativo, mais energia física e mental e mais das ideias inovadoras que são essenciais para o sucesso duradouro."

No outro extremo, estão os "diminuidores", que inibem a criatividade e a produtividade ao construir um império pessoal, amealhar recursos, dar orientações que não deixam espaço para mais contribuições, além de gerenciar cada detalhe e tomar todas as decisões sozinhos. Quando reprimimos a liberdade de expressão, ficamos com uma fração do esforço e da capacidade das pessoas.

Os multiplicadores começam instigando novos talentos a integrarem a equipe. Uma das ferramentas mais poderosas para fazer isso é contar uma história atraente que comunique a sua visão. Histórias inspiradoras incentivam as pessoas a se juntarem à causa, mesmo que nunca tenham considerado isso. A maioria está sedenta por histórias inspiradoras e ávida para participar. Essa é a conexão fundamental entre empreendedorismo e imaginação no Ciclo da Invenção. Organizações de todos os tipos, de creches a laboratórios de pesquisa, estão repletas de gente apaixonada pelo que faz, motivada pela visão de colegas que inspiraram a sua imaginação.

Assim como os indivíduos, as empresas têm histórias. Se a história de uma companhia for atraente, ela gera uma grande onda de apoio e interesse. Caso contrário, as perspectivas diminuem. O empresário Ben Horowitz declarou: "Empresas que não têm uma história claramente articulada tampouco têm uma estratégia clara e bem pensada [...]. A história da empresa é a estratégia dela." A da sua empresa precisa contar de forma clara o que você está fazendo e por quê. Comunicar isso de modo envolvente é fundamental para a liderança eficaz. Horowitz complementa: "A história precisa explicar de maneira profunda por que você existe. Por que o mundo precisa da sua empresa? Por que precisamos fazer o que estamos fazendo e por que é importante?". Isso remonta à discussão do capítulo 3, sobre motivação, porque a sua história reflete diretamente o que o motiva.

De acordo com Chip e Dan Heath, autores de *Ideias que colam: por que algumas ideias pegam e outras não*, há vários princípios centrais para uma história ser envolvente (e, portanto, "colar"): ter um elemento surpresa, ser de fácil compreensão e tanto crível quanto emocionante. Somos atraídos por histórias assim e queremos transmiti-las. Esteja você produzindo uma escova de dentes ou um filtro de água, quanto mais envolvente for a sua história, mais pessoas estarão propensas a se juntar a você.

No verão de 2014, o Desafio do Balde de Gelo viralizou, com o objetivo de apoiar a pesquisa sobre a esclerose lateral amiotrófica (ELA ou doença de Lou Gehrigh). A história era simples e grudava na memória: as pessoas gravavam um vídeo do momento em que jogavam um balde de água com gelo na cabeça e o postavam na internet. Depois convidavam três conhecidos para fazer a mesma coisa. Quem não aceitasse, tinha que fazer uma doação para a Associação ALS (sigla em inglês para esclerose lateral amiotrófica). O desafio conscientizou milhares de participantes a respeito da ELA, fora quem assistiu ao vídeo. Além disso, arrecadou mais de quarenta milhões de dólares em cerca de dois meses, muito mais do que a organização tinha conseguido nos anos anteriores.

O segredo para o Desafio do Balde de Gelo ter viralizado foi a simplicidade (o que poderia ser mais simples do que jogar um balde de água gelada na cabeça?), o fator surpresa (um banho de gelo não é algo que alguém escolheria normalmente) e o fato de que as pessoas eram incentivadas a passá-lo adiante (quem completasse o desafio tinha que repassá-lo para três pessoas específicas). A maioria que participou nem sequer tinha ouvido falar da ELA antes de receber o desafio, mas foi informada sobre essa doença degenerativa porque a proposta era rápida, provocativa e fácil de compartilhar por meio de um vídeo curto postado nas redes sociais. O efeito multiplicador foi enorme! Segundo o *New York Times*, entre 1º de junho e 13 de agosto, os vídeos do desafio tiveram mais de 1,2 milhão de visualizações no Facebook e mais de 2,2 milhões de comentários no Twitter. Fora isso, as doações para a Associação ALS chegaram a US$ 41,8 milhões, valor superior ao dobro do que a instituição tinha recebido no ano anterior.

Consumimos histórias o dia inteiro, quando lemos o jornal, vemos programas e comerciais na TV e ouvimos rádio. E todos nós contamos uma história cada vez que compartilhamos o que estamos fazendo com um amigo, um parente, colegas, investidores, advogados ou médicos. Quando você explica para o seu médico o que está sentindo, seus sintomas fazem parte de uma história sobre a sua vida. Quando fala com o advogado sobre uma situação em que foi prejudicado, você conta uma história sobre aquela infração. As histórias revelam muito sobre nós, e é nosso dever aprender a contá-las de modo a terem o impacto que esperamos. Como contamos histórias com tanta frequência, temos um monte de oportunidades para praticar.

Eis um bom exemplo disso: quando entrevisto candidatos a vagas de emprego, sempre começo pedindo que me contem a história deles. Sem exceções, os resultados são elucidativos. As respostas logo evidenciam a visão de mundo deles e revelam como se enxergam. Algumas ressaltam o quanto o candidato teve sorte na vida, outras, o quanto teve azar; algumas enfatizam o quanto trabalharam para chegar aonde estão, outras tratam de uma trajetória de vida sem qualquer planejamento. Ao ouvir cada uma, posso visualizar com facilidade se os candidatos vão encarar bem ou mal aquela função e as novas possibilidades que ela oferece.

No capítulo 7, sobre persistência, compartilhei um momento particularmente difícil da minha vida, quando lutei contra a exaustão e a ansiedade. Nessa época, minha mente era atraída por pensamentos negativos e absolutamente estressantes. Quando enfim admiti que não poderia continuar daquele jeito, tomei a decisão concreta de mudar a minha história. Então me sentei e literalmente escrevi uma nova. Concebi algumas páginas que descreviam a minha vida dali a dois anos e explicavam o que eu tinha feito para chegar até lá. Essa história era um mapa do caminho e me ajudou a tomar justamente esse rumo.

Todos nós temos uma história de vida que carregamos conosco, e ela influencia como nos relacionamos com novas experiências. Se eu lhe pedisse para contar a sua história de vida completa com o maior número de detalhes possível, provavelmente demoraria cerca de uma hora. Se você escrevesse um livro contando a sua história de vida, talvez fosse uma leitura de umas dez horas – menos de um dia na sua vida. Estamos continuamente destrinchando a nossa história em conjuntos de momentos decisivos, os quais acreditamos que representam quem somos. Escolhemos quais episódios incluir e como enquadrá-los. Essas histórias dizem bastante sobre nós, mas também moldam a nossa relação com o mundo e, consequentemente, a relação do mundo conosco.

Lembro-me de encontrar com um velho amigo com quem tinha trabalhado havia muitos anos. Começamos a compartilhar histórias sobre nossas experiências em comum. Era impressionante como nos lembrávamos de maneira diferente daqueles tempos. Meu amigo se recordou de uma série de situações em que ele e outras pessoas tinham sido maltratadas. Eu não tinha nenhuma lembrança disso. Minhas memórias era bem menos amargas: achava graça de algumas situações que ele ainda considerava tremendamente frustrantes. Se você não soubesse que tínhamos trabalhado na mesma empresa, jamais adivinharia com base nas nossas recordações. Sem dúvida, nós dois temos maneiras muito diferentes de enxergar o mundo, como ficou evidente nas histórias distintas que contamos sobre a mesma época.

Isso também acontece nas famílias. As crianças experimentam as coisas de modo diferente, por mais que os irmãos vivam uma infância semelhante na mesma casa. As nossas perspectivas, com suas variações, determinam as histórias que contamos. Ao alterar deliberadamente o nosso quadro de referências, podemos ver coisas completamente diferentes no tempo presente e em retrospecto. A base disso são as habilidades discutidas no capítulo 6, sobre reenquadrar.

No livro *A soma de tudo: 40 histórias espirituosas sobre o além*, o neurocientista David Eagleman elabora em cada capítulo uma versão fantasiosa sobre o que aconteceria após a morte. No último, que é especialmente instigante, ele cria um cenário no qual, quando chega o nosso fim, vemos com clareza toda a nossa vida – ou pelo menos essa é a impressão que temos. Mas, após a morte, vemos nossa vida de novo ao contrário. Dessa vez, percebemos que estávamos errados sobre tudo em que acreditávamos. Quando vemos a nossa jornada de uma perspectiva diferente, do fim para o começo, cada episódio parece totalmente diferente. Algo similar acontece em *Amnésia*, um filme de Christopher Nolan no qual o personagem principal perdeu as memórias de longa duração. A história se passa de trás para frente para criar uma sensação similar no espectador. Quando as primeiras cenas (segundo a ordem cronológica) são reveladas, nos damos conta de que tínhamos interpretado de maneira equivocada os acontecimentos do começo do filme. Esses dois casos nos lembram que sempre estamos interpretando tudo e elaborando sem parar uma história que integra o nosso jeito de entender as coisas.

Uma história eficaz sempre abre espaço para a participação do consumidor. Para ser atraente, a narrativa precisa de detalhes suficientes, sem deixar o público de fora. Livros de ficção, música e arte eficazes nesse sentido sempre convidam leitores, ouvintes e espectadores a preencherem as lacunas com a própria imaginação. Quando uma empresa contrata funcionários, os recrutadores devem contar histórias que induzam contribuições importantes dos candidatos. Uma vez, John Hennessy, presidente da Universidade de Stanford, me disse que as iniciativas mais eficazes da universidade não nascem prontas, mas convocam as pessoas a fazer sugestões. A essência da visão está estabelecida, mas o projeto pode ser moldado por quem se junta à equipe. Isso se aplica ao conceito de multiplicadores de Wiseman e McKeown – aquelas pessoas que abrem espaço para a contribuição de todos.

Nas minhas aulas, os alunos precisam compartilhar o trabalho deles usando diversas técnicas de *storytelling*. Aprendem como estruturar uma história a partir de diferentes modelos, o que torna as apresentações deles bem mais significativas para o público. Independentemente do quanto uma ideia é inovadora, se ela não for explicada de maneira envolvente, ninguém vai se importar. É por isso que os publicitários usam histórias para vender produtos. Somos atraídos pela narrativa, que nos seduz a comprar aquele item.

Isso fica bem evidente no caso do Skype, que desenvolveu a estratégia de contar histórias de usuários para divulgar o aplicativo e despertar simpatia. O especialista em marketing David Aaker discorre sobre o objetivo e o impacto de histórias como esta:

"Erin Van Oordt é enfermeira e estava trabalhado num vilarejo paupérrimo do interior da Guatemala quando encontrou um garoto surdo de sete anos, muito sorridente. Jenri nunca tinha tido acesso a um exame médico. Apesar da situação, ela mobilizou um cirurgião de ouvido, o diretor da Missão Médica Raio de Esperança, e a fabricante de aparelhos Advanced Bionics, entre outros, para dar ao menino uma chance de ouvir. Após a operação, Jenri acenou para os pais pelo Skype e, do outro lado da tela, escutou a voz deles pela primeira vez. Erin chorou de alegria."

Essa história foi compartilhada como parte de um novo programa do Skype, o *Promova o amor do usuário*. A empresa usa sessões regulares de treinamento e *newsletters* para ensinar os funcionários a reconhecer histórias eficazes e transmiti-las para que divulguem o impacto do produto.

Até numa apresentação formal, durante uma defesa de doutorado ou uma reunião de negócios, é impactante usar histórias para criar engajamento com o público e inspirá-lo a agir, seja aprovando a tese ou oferecendo um contrato. O ponto de partida é sempre um gancho que mexa com as emoções.

Pode ser uma questão instigante, uma citação ou uma piada que prepare o terreno para o resto da história. Todas elas precisam de uma estrutura, assim como uma casa. O famoso autor Kurt Vonnegut comenta várias estruturas narrativas e dá exemplos de livros e filmes para cada uma delas. Temos uma conexão intensa com essas estruturas, que capturam nossas emoções no decorrer da história. Veja o infográfico a seguir, que foi produzido por Maya Eilam e mostra algumas das estruturas narrativas citadas por Vonnegut.

Homem no Buraco	Garoto Encontra Garota

O personagem principal entra em apuros, se supera e, no fim, cresce com a experiência.	O personagem principal se depara com algo maravilhoso que conquista, depois perde e enfim recupera para sempre
Arsênico e alfazema Madrugada muito louca	Jane Eyre Brilho eterno de uma mente sem lembr

De Mal a Pior

O personagem principal tem um começo ruim, que vai piorando sem nenhuma esperança de melhora.

 A metamorfose

 Além da imaginação

Está de Cabeça pra Baixo?

A história tem uma ambiguidade realista que nos deixa sem ter certeza se os novos acontecimentos são bons ou ruins.

 Hamlet

 Família Soprano

Descrito primeiro pelo dramaturgo e ator Ken Adams, o "esqueleto da narrativa" é uma estrutura simples, fácil e muito útil. Confira:

Era uma vez... (apresente a situação)
Todos os dias... (acrescente detalhes)
Mas um dia... (alguma coisa que
quebrou a rotina)
Por causa disso... (consequência 1)
Por causa disso... (consequência 2)
Por causa disso... (consequência 3) etc
Até que finalmente... (o clímax)
E desde então... (resolução)

Essa estrutura é a espinha dorsal da maioria dos contos de fada. Ken Adams mostra que ela pode ser aplicada a *O Mágico de Oz*:

Era uma vez uma garotinha chamada Dorothy, que foi carregada por um furacão para as terras mágicas de Oz.

Todos os dias, ela caminhava em direção à Cidade das Esmeraldas, onde pediria ao Grande e Poderoso Mágico de Oz que a ajudasse a voltar para casa.

Mas um dia ela chegou lá e encontrou o Mágico.

Por causa disso, o Mágico falou para Dorothy que a ajudaria somente se ela matasse a Bruxa Malvada do Oeste.

Por causa disso, Dorothy enfrentou muitos perigos até enfim conseguir destruir a bruxa.

Por causa disso, o Mágico concordou em levar Dorothy para casa no balão de ar quente dele.

Até que finalmente, no dia da partida, Dorothy foi atrás do cachorrinho dela, Totó, e não conseguiu subir no balão.

E desde então, Dorothy aprendeu que sempre teve o poder de voltar para casa sozinha e, assim, conseguiu retornar.

Conforme observa Adams:

"Quando resumido ao esqueleto da narrativa, o filme em questão perde muito dos seus traços e do que o faz ser brilhante e memorável. É porque o esqueleto da narrativa não é a história em si. Nada mais é do que a estrutura de um esqueleto sobre o qual a história é construída. E é isso que faz dele uma ferramenta tão poderosa. Permite que você, como escritor, enxergue a base estrutural da sua história e que se certifique se os blocos primordiais da construção estão no lugar."

Essa estrutura também pode ser empregada numa apresentação de negócios eficaz. Eis uma descrição de como isso poderia funcionar para organizar a apresentação de um produto da Cala Health, a startup que comentei na introdução deste livro:

Era uma vez oito milhões de norte-americanos que sofriam de tremores nas mãos.

Todos os dias, eles tinham dificuldade de executar tarefas simples, como tomar uma xícara de café e abotoar a camisa.

Mas um dia a Cala Health desenvolveu um tratamento não invasivo e acessível que eliminava os tremores dos pacientes.

Por causa disso, passou a existir uma alternativa econômica e eficaz à cirurgia cerebral invasiva.

Por causa disso, muitas pessoas passaram a receber um tratamento para esses sintomas.

Por causa disso, elas passaram a ter mais facilidade para cuidarem de si mesmas.

Até que finalmente essa alternativa se tornou procedimento padrão para o tratamento de tremores nas mãos.

E desde então, milhares de pessoas puderam viver sem esses sintomas debilitantes.

Um dos meios mais fáceis de checar a eficácia da sua história é o "teste do bar", descrito por Nicole Kahn, coordenadora sênior de projetos na empresa de design IDEO. Basicamente, ela e os colegas contam a história de um novo produto ou serviço como se tivessem batendo papo num bar, sem nenhum slide chique ou qualquer estatística à mão. Eles conversam geralmente com estranhos e recebem um *feedback* rápido sobre uma ideia. De acordo com Nicole,

"Contamos para as pessoas a nossa história. Escolhemos um colega que não tenha a menor noção do que estamos fazendo e pagamos uma cerveja ou um café para ele. Conversamos quinze minutos para ver se a pessoa entende o principal ponto da apresentação. [...] Observamos se vai se aproximar ou olhar para o lado e procurar o celular. Prestamos atenção nos assentimentos com a cabeça e nos 'aham' – nas expressões de surpresa e de satisfação. É assim que decidimos o que vai colar e fazer sentido. [...] Faça de um modo sucinto. Essa é a mágica de verbalizar a sua história. Você ainda não investiu nada e não há razão para se prender. Pode refazer isso muitas e muitas vezes."

A sua história deve ter dois objetivos principais: primeiro, criar uma conexão com a paixão do seu público e, segundo, convocá-lo com clareza para uma ação. Bob Sutton e Huggy Rao tratam desse tema no livro *Potencializando a excelência: como escalonar práticas exemplares para ter melhor desempenho*. Eles comentam a necessidade de uma causa "quente" e uma solução "fria". Quando provocamos uma resposta emocional nas pessoas, elas param de pensar sobre si mesmas e começam a considerar o interesse coletivo. Bob e Huggy falam sobre uma iniciativa do Instituto para a Melhoria da Saúde, a Campanha 100.000 Vidas, realizada em 2006 com o objetivo de incentivar médicos e enfermeiras a adotar práticas que beneficiam o paciente. Entre outras ações, estavam seis passos muito simples, como lavar as mãos entre as visitas a pacientes. Para lançar a campanha, os organizadores fizeram uma conferência com quatro mil membros da comunidade médica. Sorrel King foi uma das palestrantes. A filha dela morreu devido a um erro médico que poderia ter sido evitado. O apelo comovente dela para que isso não aconteça nunca mais levantou o entusiasmo dos participantes e os mobilizou a implementar as seis práticas simples. Isso, por sua vez, salvou mais de cem mil vidas. É um exemplo de uma causa quente (salvar vidas), seguida por uma solução fria (lavar as mãos).

No livro *O poder da persuasão: você pode ser mais influente do que imagina*, Robert Cialdini define seis princípios para influenciar as pessoas com as suas ideias: reciprocidade, compromisso/coerência, prova social, simpatia, autoridade e escassez. Vejamos um exemplo para entender como um líder eficaz emprega essas ferramentas para influenciar pessoas e engajá-las numa causa importante. Selecionei um caso próximo a mim, no qual pude testemunhar essa influência em funcionamento.

O Programa de Empreendimentos Tecnológicos de Stanford aceitou um grande desafio em 2011. Com o apoio da Fundação Nacional da Ciência, o STVP ficou encarregado de difundir inovação e pensamento empreendedor no ensino de Engenharia nos Estados Unidos. A iniciativa foi chamada de Epicenter: Centro Nacional para a Construção de Caminhos para a Inovação. Com uma meta ambiciosa, um grupo de diretores de universidades que nunca haviam trabalhado juntos e uma equipe que estava espalhada pelo país, o projeto teve um começo conturbado. Havia tantos pontos de vista e diferenças de personalidade que era praticamente impossível conciliar todo mundo. Na verdade, durante o primeiro ano, o projeto correu um sério risco de fracassar. Como tínhamos muito a ganhar se fôssemos bem-sucedidos, e muito a perder caso contrário, a equipe estava pressionada a se alinhar, engajar, mobilizar e seguir uma mesma direção. O Epicenter precisava basicamente de um líder empreendedor para inspirar o grupo a trocar experiências e executar uma visão e um plano consistente.

Tom Byers, diretor do Epicenter, assumiu a tarefa. Ao trabalhar com um parceiro sem fins lucrativos, a VentureWell, cujo presidente era Phil Weilerstein, Tom recorreu deliberadamente à estrutura de Cialdini para se orientar sobre como aproveitar a diversidade de talentos da equipe.

Ele começou com *compromisso/coerência*, pedindo que todos se comprometessem publicamente a entregar contribuições específicas ao projeto. Compromissos públicos resultam em taxas mais elevadas de conclusão de tarefas. Tom assegurou que a equipe estivesse de acordo com uma série definida de metas e resultados.

Então usou a *reciprocidade*, oferecendo-se para ajudar os colegas de equipe a terem êxito. Ele ouviu os pedidos e as preocupações de cada um e buscou maneiras de atender a todas as necessidades. Assim, eles se sentiram obrigados a ajudar de volta quando Tom pedia um favor.

Com o próprio comportamento, Tom oferecia um modelo no qual queria que as pessoas se espelhassem. Isso serviu de *prova social* de que o comportamento era tanto aceitável quanto esperado. Ele demonstrava como gostaria que a equipe se comunicasse e dava o exemplo fornecendo regularmente *feedback* positivo para projetos bem executados e concluídos no prazo.

O quarto princípio de Cialdini usado por Tom foi a *simpatia*. As pessoas ficam mais propensas a seguir quem inspira admiração e confiança. Tom construiu uma relação pessoal com cada integrante da equipe, descobrindo as motivações e necessidades específicas de cada um.

Como principal pesquisador do projeto, Tom sabia que tinha o poder de dizer o que as pessoas deveriam fazer. Usou essa ferramenta, a *autoridade*, como um último recurso, mas todos sabiam que ele poderia usá-la se quisesse.

Tom utilizou a escassez para deixar claro que havia recursos limitados para as iniciativas do Epicenter. Somos atraídos por coisas que estão se esgotando, como o último ingresso para um show ou uma promoção especial com dias contados para acabar. Cada grupo tinha que convencer os demais de que o seu projeto merecia recursos. Ao defenderem a própria causa, eles reforçavam o comprometimento com os respectivos projetos.

Inspirar as pessoas a agir não significa conseguir que elas façam o que você quer, mas motivá-las a querer fazer essas coisas. Nesse sentido, podemos complementar as seis ferramentas de Cialdini com presença, calor humano e poder – descritos por Olivia Fox Cabane no livro *O mito do carisma: a força do magnetismo pessoal para atingir o sucesso profissional*.

A *presença*, diz Olivia, é a essência do carisma. É fácil perceber quando estamos com alguém que está distraído e claramente *não* está presente. Essa falta de foco acaba na hora com o carisma da pessoa. Pense em como se sente quando seu interlocutor olha para o celular no meio da conversa ou para os lados para conferir se tem alguém mais importante por perto. Quem está presente nunca faz coisas assim. A pessoa age como se não tivesse mais ninguém ali além de *você*, e tudo mais tivesse evaporado. Ninguém consegue fingir que está presente, porque fica na cara quando não se está totalmente engajado.

O segundo componente do carisma, na opinião de Olivia, é o *calor humano*. É essencialmente a impressão de que alguém gosta de você e vai usar o próprio poder a seu favor. Sentimos o calor humano sobretudo por meio da linguagem corporal e do contato visual. Quem não olha nos olhos é visto como alguém mais frio do que aqueles que sabem prender o nosso olhar.

Por fim, carisma envolve *poder*, como comenta Olivia:

"Poder é a percepção da sua capacidade de afetar o mundo à sua volta. Pode ser por meio da força física pura, de grandes quantias de dinheiro, da influência, do conhecimento, da inteligência, de um status social elevado e assim por diante. Procuramos por indícios de poder na aparência da pessoa, no modo com que os outros reagem a ela, mas acima de tudo na linguagem corporal. (...) O Laboratório de Mídia do MIT foi capaz de prever com oitenta e sete por cento de precisão o resultado de negociações, ligações para vender um produto e apresentações de planos de negócios sem precisar ouvir uma única palavra do conteúdo, somente ao analisar a flutuação de voz e a expressão facial do orador."

Você controla o próprio carisma e pode praticar as habilidades relacionadas a poder, presença e calor humano. Quando começar a prestar atenção, verá como as pessoas mostram ou desperdiçam o próprio carisma pelo jeito de ficar em pé ou se sentar, o modo de falar, a expressão facial e o engajamento total ou a falta dele.

Aleta Hayes, que dá aulas de dança em Stanford, diz que em todos os momentos "já estamos dançando". Ou seja, sempre estamos em movimento no mundo, e isso é entendido como a nossa "dança". Tive a felicidade de ter aulas com Aleta em várias ocasiões e a observei transformando pessoas na minha frente ao ajudá-las a desbloquear a própria presença, calor humano e poder. Ela ilustrou essa transformação com beleza quando conduziu uma oficina sobre a presença física. Aleta demonstrou duas formas de entrar num ambiente. Na primeira, chegou casualmente e olhou em volta. Na segunda, entrou deliberadamente, firmou os pés com graciosidade, ficou em pé com a coluna ereta e travou contato visual caloroso com todos na sala. A diferença era tão gritante que me emocionei e chorei. Em segundos, ela literalmente se transformou de ninguém em alguém.

Esse capítulo apresentou várias maneiras de incentivar as pessoas a ajudar a ampliar os seus esforços. Isso inclui criar um ambiente que multiplique os resultados da sua equipe, contar uma história "que cola" para mobilizar gente, enquadrá-la de modo a garantir o maior impacto possível, com técnicas de *storytelling* – como a do esqueleto da narrativa – para comunicar as suas ideias. Além disso, é importante utilizar os princípios da influência para instigar as pessoas a agir e reforçar o seu carisma para ser mais eficaz. Seja de modo consciente ou não, você influencia cada pessoa com a qual interage.

Inspirar colaboradores, consumidores, investidores, a família e os amigos é um papel essencial do empreendedor, independentemente do que está buscando. É praticamente impossível manifestar as suas ideias, seja você um artista ou um astronauta, se as pessoas não compartilham do seu sonho e não apoiam a sua iniciativa. Isso não significa que *todo mundo* precisa defender as suas ideias. Mas você precisa de fato de uma massa crítica de apoiadores ávidos para ampliar o impacto da sua visão. É por isso que a inspiração é a peça principal do Ciclo da Invenção. Ela desencadeia a próxima leva de ondas de imaginação, criatividade, inovação e empreendedorismo.

PROJETOS

1. Conte ou escreva a sua história de vida três vezes. Na primeira, destaque as coisas ruins que aconteceram com você. Na seguinte, ressalte todas as excelentes oportunidades que teve. Por último, conte a sua história como se fosse um comediante, vendo graça em cada situação.

2. Use a estrutura do esqueleto da narrativa para contar várias histórias. Treine apresentações delas para amigos, a família e/ou colegas.

3. Pense na presença, no calor humano e no poder que você tem. Quais dessas características são expressadas e quais poderiam ser melhoradas? Preste atenção nas pessoas à sua volta e avalie para você mesmo a presença, o calor humano e o poder delas. Que efeitos têm em você e nos outros?

CONCLUSÃO
O FIM É O COMEÇO

Após dezenas de entrevistas com empreendedores de sucesso nas mais diversas áreas, pude observar o Ciclo da Invenção em ação inúmeras vezes. O tempo de duração das etapas varia, dependendo do problema que está sendo resolvido, mas o padrão é estável. Uma das pessoas com quem compartilhei o Ciclo da Invenção foi Sal Khan, fundador da Academia Khan. Ele concordou com a estrutura e disse que esse foi o caminho que seguiu para construir a empresa de educação on-line.

Em 2004, Sal trabalhou em Boston como analista financeiro para um fundo de investimento. Como uma prima mais nova que morava em Nova Orleans estava com dificuldades em matemática, ele começou a dar aulas particulares para ela pelo telefone. Após um ano, Sal começou a desenvolver um software para ela fazer exercícios e o compartilhou com os demais primos, ansiosos para ter aulas de graça com ele. Um ano depois, começou a produzir vídeos curtos, que postava no YouTube, como um complemento ao software de matemática.

Os primos acharam o material incrivelmente útil, assim como outros internautas que o encontraram por acaso. Inspirado pelo impacto que estava causando, Sal pensou em como ele poderia escalonar o processo para criar vídeos educativos direcionados a um público mais amplo. Essa foi a etapa de *imaginação*, na qual Sal se tornou *engajado* com o ensino e *vislumbrou* algo novo.

Na época em que já tinha postado de trinta a quarenta vídeos, não paravam de chegar cartas. Crianças escreviam para agradecê-lo pela ajuda para aprender tópicos que achavam que nunca iriam dominar, e os pais lhe agradeciam por ajudar os filhos a serem bons alunos. A vontade de Sal de produzir conteúdo educacional desabrochou e ele testou várias abordagens de ensino e técnicas para ver qual funcionava melhor. Essa foi a etapa de *criatividade*, que exigiu tanto *motivação* quanto *experimentação*.

Em 2009, três anos depois de começar a postar vídeos, cerca de cem mil pessoas por mês consumiam o conteúdo de Sal! Com esse sucesso, ele largou o emprego em Finanças para se dedicar em tempo integral à educação on-line. Sal tinha conhecimentos suficientes para questionar métodos de ensino convencionais e construiu uma plataforma de aprendizado única, a Academia Khan. Essa foi a etapa de *inovação*, que requisitou tanto *foco* quanto *reenquadramento* para pensar em novas ideias.

À medida que sua visão se expandia, Sal precisou obter apoio financeiro, contratar funcionários e estimular mais pessoas a usar os recursos da Academia Khan. A tenacidade dele e a capacidade de mobilizar gente o ajudaram a reunir uma ótima equipe, desenvolver parcerias e convencer doadores a apoiar a iniciativa. Ele entrou na etapa de *empreendedorismo*, que demandou persistência e a habilidade de *inspirar* as pessoas. O trabalho dele teve um grande impacto em vários países e estimulou a imaginação de estudantes, educadores e outros empreendedores.

Como esse caso comprova, ao erguer a estrutura que lhe dá apoio para dar vida às suas próprias ideias, você também cria uma plataforma para mais pessoas fazerem o mesmo. Essa é a essência do Ciclo da Invenção.

Ciclo Individual da Invenção

Ciclo Coletivo da Invenção

Como comentei nos capítulos anteriores, existe um caminho eficaz para ir da inspiração à implementação, que passa por uma série de atitudes e ações necessárias:

A IMAGINAÇÃO REQUER ENGAJAMENTO ATIVO E A CAPACIDADE DE VISLUMBRAR ALTERNATIVAS.

A CRIATIVIDADE REQUER MOTIVAÇÃO E EXPERIMENTAÇÃO PARA ENFRENTAR DESAFIOS.

A INOVAÇÃO REQUER FOCO E REENQUADRAMENTO PARA GERAR SOLUÇÕES ÚNICAS.

O EMPREENDEDORISMO REQUER PERSISTÊNCIA E A HABILIDADE DE INSPIRAR AS PESSOAS.

É importante ter em mente que as suas atitudes só fazem diferença se você adotar comportamentos que possam concretizar essas ideias; e que as suas ações estão condenadas ao fracasso a não ser que estejam associadas à mentalidade adequada. Ao alinhar as suas atitudes e ações, você se prepara para fazer muito mais do que o imaginável com muito menos do que parece possível, não importa qual seja o seu objetivo.

Observando o Ciclo da Invenção dessa perspectiva, podemos ver que quem tem as atitudes necessárias é *eficiente* e quem realiza as ações necessárias é *inventivo*. Eficiência é a sua capacidade de concluir as coisas, e a inventividade permite criar ideias de sucesso. Os dois conjuntos de características são

ATITUDES PARA A EFICIÊNCIA

- ENGAJADO
- MOTIVADO
- FOCADO
- PERSISTENTE

AÇÕES PARA A INVENTIVIDADE

- VISLUMBRAR
- EXPERIMENTAR
- REENQUADRAR
- INSPIRAR

necessários, mas não suficientes – somente quando ambos são combinados você se torna eficiente em concretizar novas ideias.

O Ciclo da Invenção dá apoio e reforça outros modelos relacionados à inovação e ao empreendedorismo, como o processo de *design thinking*, desenvolvido pelos meus colegas da d.school, de Stanford, e ensinado em muitos países.

O *design thinking* geralmente se refere a cinco passos para gerar ideias:

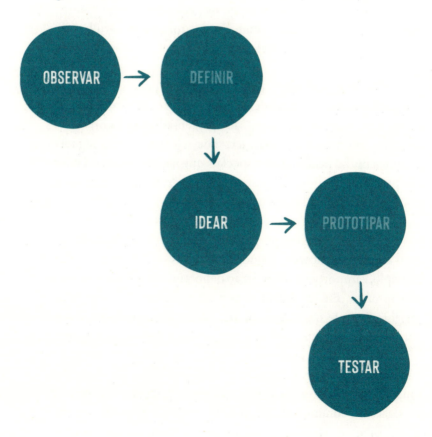

"Tim Brown, presidente e principal executivo da firma de design IDEO, define o design thinking como 'uma abordagem humanizada da inovação que usa ferramentas do design para integrar as necessidades das pessoas, as possibilidades tecnológicas e os requisitos do sucesso empresarial'. Por meio desse processo, os design thinkers fazem observações cuidadosas a partir de um ponto de vista específico e, com base em seus insights, definem um determinado problema que precisa ser solucionado. Por exemplo, analisam uma internação hospitalar da perspectiva de um paciente e definem a questão dessa forma: 'Como podemos criar um jeito de os pacientes terem uma boa noite de sono num quarto com muitas máquinas barulhentas que monitoram o quadro deles?'. "

Os *design thinkers* então idealizam para gerar várias soluções possíveis. Muitas delas são testadas com protótipos de baixo custo – *pretotypes* – que são apresentados para potenciais usuários em busca de *feedback*. Por exemplo, os designers podem simular headphones especiais que isolam o som ou criar um protótipo de uma máquina que, em vez de apitar alto, toca música no ritmo do batimento cardíaco.

O *design thinking* proporciona uma série de habilidades que são mais eficazes quando utilizadas em conjunto. Por exemplo, é importante idealizar ao definir um problema que você vai enfrentar. E é produtivo continuar a observar para ter mais insights durante o processo de design. O processo linear é útil para uma pessoa que está aprendendo as habilidades exigidas, mas *design thinkers* experientes usam esse modelo como guia, não como receita. Isso também se aplica ao Ciclo da Invenção. Quando você já domina as habilidades de cada etapa, continua a usá-las em conjunto ao longo da sua jornada empreendedora. Elas formam a estrutura de atitudes e ações que sustenta todo o processo empreendedor.

O Ciclo da Invenção se baseia na estrutura do *design thinking* de três modos:

> *1. O Ciclo da Invenção diferencia criatividade de inovação: a primeira promove as soluções aguardadas, já a segunda resulta em ideias revolucionárias. Essa é uma distinção importante que incentiva você a ir além das ideias incrementais e também gerar ideias em cada etapa do processo de design thinking.*

> *2. O Ciclo da Invenção leva a atitude em consideração. A sua mentalidade tem uma forte influência no processo criativo e precisa ser considerada. Quanto mais engajado, motivado, focado e persistente você for, mais propenso estará para gerar inovações reais e superar obstáculos até a implementação.*

> *3. O Ciclo da Invenção abrange ainda a etapa de implementação, na qual as ideias são expressas no mundo – o que exige persistência e o poder de inspirar as pessoas. É um passo importante no sentido de que não apenas possibilita expandir as ideias, mas também inspira a imaginação de outras pessoas para reiniciar o ciclo.*

O Ciclo da Invenção também proporciona competências básicas para o processo da "startup enxuta", descrito tanto por Steve Blank quanto por Eric Ries. Os modelos deles incentivam as startups a utilizarem a experimentação rápida com *feedback* dos clientes para aprimorar o desenvolvimento de produtos. Ambos demonstraram que proponentes de qualquer negócio podem reduzir o risco de falência e a necessidade de um investimento inicial alto ao focarem em produtos e serviços que atendam às necessidades dos consumidores.

Steve Blank elaborou um programa altamente bem-sucedido para o ensino da metodologia da startup enxuta para milhares de profissionais no mundo. Segundo ele, muitos participantes vão aos workshops com o objetivo de começar um negócio, embora não tenham ideia de como começar. O modelo dele se inicia depois da definição do problema e de um esboço da ideia para solucioná-lo. Esta é a visão dele de como o Ciclo da Invenção está de acordo com o processo da startup enxuta.

Transformar ideias em empreendimentos comerciais é o objetivo do processo da startup enxuta. A premissa é que as startups começam com uma série de hipóteses não testadas. Elas têm sucesso ao ir para a rua, testar essas hipóteses, aprender por repetição e refinar produtos minimamente viáveis diante de potenciais consumidores.

Está tudo lindo e maravilhoso se você já tem uma ideia. Mas de onde vêm as ideias para startups? Onde surgem a inspiração, a imaginação e a criatividade? Como tudo isso se relaciona com a inovação e o empreendedorismo?

Quanto à prática do empreendedorismo, eu ficava incomodada por sentir falta de um conjunto de ferramentas que soltassem a imaginação dos meus alunos e de um processo para usar a criatividade deles. Percebi que o processo de inovação/empreendedorismo precisava de uma "fundação" – as habilidades e os processos que impulsionassem a imaginação do empreendedor e o espírito criativo. Nós precisávamos definir a linguagem e as peças que constituem uma "mentalidade empreendedora".

Na essência, o Ciclo da Invenção oferece tanto o ponto de partida para todas as iniciativas empreendedoras quanto sinalizadores no percurso. Ele lhe dá ferramentas para gerar ideias audaciosas, bem como um mapa para percorrer o caminho da inspiração à implementação. O resultado é que o Ciclo da Invenção permite que você identifique mais oportunidades, conceba soluções únicas e expresse as suas ideias – habilidades importantes para planejar e implementar a vida que você quer ter.

Se você completou os projetos propostos no final de cada capítulo, já identificou algumas oportunidades significativas e elaborou um objetivo audacioso para si mesmo. Tem uma ideia mais clara do que o motiva e entende a relação entre a sua autoconfiança e as suas paixões. Também mapeou obstáculos em potencial no caminho – os internos e os externos. Fora isso, dominou um conjunto de ferramentas destinadas a testar as suas ideias, aumentar o seu foco e a sua persistência, ajudá-lo a olhar para coisas velhas de novas maneiras e a inspirar as pessoas a apoiarem e se juntarem à sua causa. Finalmente, você conquistou um entendimento da importância de cuidar de si mesmo e de se certificar de que está reabastecido ao longo da viagem.

Essas habilidades e atitudes deveriam ser ensinadas para *todo mundo*. O que poderia ser mais importante do que preparar as pessoas para vislumbrar e depois viver a vida que querem levar? As oportunidades para aprender essas habilidades estão surgindo cada vez mais. Como descrito no capítulo 3, Don Wettrick as está compartilhando com seus alunos do ensino médio. Além disso, muitas escolas ao redor do mundo passaram a oferecer aulas sobre *design thinking* e aprendizado baseado na solução de problemas. Fundador da Tribewanted, Ben Keene compilou uma lista de exemplos interessantes no artigo Escolas para a vida. Nela estão a Right to Dream, em Gana, a Kaos Pilots, na Dinamarca, a DO School, em Berlim, a Green School, em Bali, a THNK, em Amsterdã e Vancouver, e a School of Life, em Londres.

Tenho a sorte de estar ligada a um programa relativamente novo, na Universidade Draper, direcionado a jovens entre dezoito e vinte e oito anos. Foi fundado em 2013 e é liderado por Tim Draper, um investidor cujas empresas – a Draper Fisher Jurvetson e a Draper Associates – apostaram em marcas como Tesla, Skype, Theranos, Baidu e SpaceX. A meta desse programa experimental é preparar os participantes para serem os heróis da vida deles. Localizada num hotel histórico no centro de San Mateo, na Califórnia, a Universidade Draper é portanto tudo menos uma escola tradicional. Durante oito semanas, os participantes exploram o espírito empreendedor. Alguns chegam ávidos para aprender como iniciar novos negócios; outros, para aprender a iniciar a própria vida.

O primeiro andar do prédio tem um espaço aberto e multiúso, cercado de paredes com quadros-negros e cheio de pufes coloridos. É a chamada "sala do ovo". Cada um dos andares superiores tem a pintura de um super-herói, da Mulher--Maravilha ao Super-Homem. Essas imagens foram penduradas para inspirar os jovens participantes a se verem como heróis capazes de realizar feitos memoráveis.

Ao longo do programa, eles leem romances de ficção científica para aprender como vislumbrar um futuro totalmente novo e encaram desafios físicos e mentais que os tiram da zona de conforto. Aprendem habilidades de negócios como *branding* e vendas, assim como negociação e técnicas de detecção de mentiras.

Eles têm aulas sobre tecnologias de ponta, como impressoras 3D e realidade virtual. Todos os dias, encontram-

-se com pessoas que deixaram a marca delas em diversas áreas, e descobrem que não são diferentes delas. Durante um fim de semana com treinamentos para sobrevivência, eles aprendem de tudo, de primeiros cuidados a suturação, e como viver da terra. Em paralelo, trabalham nas suas ideias de negócios e são treinados para se apresentar diante de uma banca de especialistas no fim do programa. Na essência, a Universidade Draper ensina aos alunos que a chave para o sucesso é ter um objetivo audacioso e a tenacidade para alcançá-lo.

Você também pode ensinar a si mesmo essas habilidades. Há inúmeros exemplos de pessoas que projetaram uma meta audaciosa e traçaram um meio de alcançá-la. Muitos dos casos deste livro contam a história de gente que fez exatamente isso. Como Sal Khan, que organizou a Academia Khan, e Piya Sorcar, que está promovendo a conscientização sobre a Aids na Índia e em outros países, você pode desenvolver suas habilidades organicamente ao seguir o processo mapeado no Ciclo da Invenção, a começar por se engajar e vislumbrar as possibilidades. Com motivação para impulsioná-lo, a experimentação começa e traz oportunidades de ver os desafios com um novo olhar. Assim que você identificar a sua contribuição única, é necessário ter persistência para expressar essas ideias e inspirar as pessoas a se juntar a você na sua jornada.

Sem dúvida, as pessoas do mundo inteiro estão ansiosas para explorar o vasto potencial que têm e ávidas para construir um caminho rumo a um futuro instigante. Desde que *Se eu soubesse aos 20...* e *Ingenium* foram lançados, em 2009 e 2012, respectivamente, recebi mais de mil cartas de pessoas do mundo todo que afirmavam isso. Fossem do Japão, da Coreia, da Tailândia, da Rússia, de Israel, da Turquia, do Brasil ou da África, elas desejavam fazer algo significativo da vida delas e tinham pressa de encontrar ferramentas que as ajudassem nesse sentido. Algumas enfrentaram pressões externas muito palpáveis, como limite de recursos e comentários sobre o que deveriam alcançar; outras lidaram com conflitos internos, como não ter autoconfiança na capacidade de conquistar os próprios objetivos. O Ciclo da Invenção foi elaborado com base no meu trabalho anterior e fornece um mapa para alinhar as suas atitudes e ações de modo que você possa concretizar a vida que espera levar.

Comecei falando da carta que escrevi para mim mesma na véspera do meu aniversário de vinte anos. Vou terminar com uma mensagem enviada por um dos meus alunos. Nela, ele faz uma reflexão final de conclusão de curso, com base na estrutura do esqueleto da narrativa. Assim, compartilha o que guardou da nossa experiência em sala de aula:

> *Era uma vez um estudante chamado Hussain.*
> *Era um garoto comum, e, ao conhecê-lo, a maioria*
> *das pessoas tentava entender como ele tinha sido*
> *admitido em Stanford.*
> *E, todos os períodos, para disfarçar o quanto não*
> *se encaixava na instituição, Hussain se inscrevia*
> *em tudo quanto era curso difícil e com descrições*
> *extremamente técnicas, sem se importar com seus*
> *próprios interesses.*
> *Até um período, no último ano de faculdade, em*
> *que Hussain decidiu escolher disciplinas baseado no*
> *quanto as considerava interessantes, e não no quão*
> *difícil soavam para os amigos dele.*
> *Por causa disso, ele acabou parando em aulas bem*
> *aleatórias, como Construindo a Inovação.*
> *Por causa disso, Hussain se tornou tão engajado na*
> *aula que começou a aplicar os princípios que estava*
> *aprendendo em outros aspectos da vida.*

Por causa disso, ele ganhou cada vez mais experiência em praticar as habilidades, tais como modos de reenquadrar os problemas, de questionar pressupostos e de contar uma história envolvente. Por causa disso, Hussain começou a enxergar a vida a partir de outra perspectiva, não mais como participante casual e sim como inovador atuante. Até que finalmente ele se tornou muito mais presente em cada momento.

E desde então, as lições permanecem. O mais importante é que a inspiração e a felicidade são mais facilmente encontradas quando estamos fazendo o que queremos de fato, e não o que achamos que deveríamos fazer. Nosso futuro é determinado pelo jeito como dançamos no presente.

A história de Hussain reforça a mensagem de que as suas atitudes e ações estão inextricavelmente conectadas. Uma abastece a outra, e isso aciona uma poderosa reação em cadeia que gera uma série de ondas de ideias e ações. Se você moldar efetivamente a sua mentalidade e aprimorar o seu comportamento, o ciclo não vai parar, e não haverá limites para o que pode conquistar. Você é o mestre do seu Ciclo da Invenção, no qual o fim é apenas o começo.

PROJETOS

1. Pegue a carta que escreveu sobre os seus objetivos para si mesmo. Edite-a mais uma vez. Agora inclua todas as atitudes e ações que são necessárias em cada etapa do Ciclo da Invenção.

2. Depois de finalizar esse processo, faça uma lista dos seus insights mais importantes. O que você já sabia de certa forma e o que é novo? Como o que você aprendeu vai influenciar as suas atitudes e ações daqui em diante?

DEFINIR OBJETIVOS

Escreva uma carta para você mesmo descrevendo o que espera conquistar no futuro. Organize o cronograma que faça mais sentido para você e especifique o quanto quiser. Esse exercício serve para incutir a mentalidade de pensar sobre modos de traçar um caminho em direção aos seus objetivos. Você terá uma oportunidade de revisitar essa carta no capítulo 2 e no final do livro, então peço que a considere um esboço a ser revisado.

IDENTIFICAR OPORTUNIDADES

Passe uma hora em silêncio observando um local. Pode ser qualquer lugar – uma cafeteria, o seu escritório, uma rua da cidade, um parque ou a sua casa. Faça tantas observações quanto possível. Pense nas implicações delas e identifique todas as oportunidades que conseguir.

Procure ofertas de emprego na sua região, mesmo que esteja trabalhando. Selecione três vagas completamente diferentes e escreva um parágrafo para descrever os possíveis caminhos que elas abrem. Considere primeiro a descrição do cargo no anúncio.

 ## VISLUMBRAR O FUTURO

Invente a sua própria história com base na ilustração de Kevin Meier na página 64.

Pense no mundo como um conjunto de palcos, da sua cidade natal ao mundo inteiro. Em que palco você está agora e em qual você quer viver a vida no futuro? O que você precisa fazer para entrar nesse palco? Pegue a carta que escreveu antes e, se necessário, reescreva o texto para refletir novas metas.

Escolha um papel que você desempenhe no momento e imagine o palco se expandir. Como seria esse papel num palco maior? O que você precisaria fazer para ocupar uma plataforma mais ampla?

Quais são os obstáculos no percurso até o seu objetivo? Quais são externos e quais são internos?

 ## DESCOBRIR A MOTIVAÇÃO

O que realmente o motiva? Pense no curto prazo, no médio prazo e no longo prazo. Reflita sobre essa questão considerando diferentes aspectos da sua vida, como família, estudos, trabalho e comunidade.

Preencha a matriz da Paixão-Autoconfiança com atividades da sua vida que se encaixem em cada um dos quadrantes. Peça a amigos, familiares ou colegas para fazerem o mesmo e compartilhe seus resultados. Discuta por que colocou determinados itens em

cada quadrante e se há maneiras de mover alguns deles para o quadrante superior direito.

 **EXPERIMENTAR**

Pratique a elaboração de *pretotypes*. Escolha alguns desafios/oportunidades na sua vida – sejam grandes ou pequenos – e projete e construa diferentes tipos de *pretotypes* para analisar a viabilidade de diversas soluções. Pense na técnica que você vai adotar em cada um – se o Turco Mecânico ou a Técnica do Pinóquio. Como você poderia criar um *pretotype* para o novo prato de um restaurante, um travesseiro com despertador embutido ou um aplicativo que oferece séries personalizadas de exercícios?

Olhe a lista do capítulo anterior, de coisas que o motivam, e elabore alguns experimentos para enfrentar esses desafios/oportunidades.

Crie um experimento: tente algo que você nunca fez para ver o que acontece! Pode ser no âmbito social, físico ou intelectual. Avalie concretamente os resultados para extrair o aprendizado. Isso o motiva a fazer mais experimentos nesse campo?

● TER FOCO

Confira por quanto tempo você consegue focar num projeto sem interrupções. Escolha um local tranquilo e uma tarefa que deseja cumprir. Se perceber que se distrai com facilidade, busque maneiras de eliminar o que desvia a sua atenção, uma por uma. Por exemplo, feche o computador, desligue o celular e organize a sua mesa.

O que está no seu compactador de lixo? O que você poderia delegar ou eliminar?

Revise a matriz elaborada por Greg McKeown na página 135. Você não só está focado nas coisas certas, mas também é capaz de focar de forma ativa? Se não for, o que precisa fazer para passar ao quadrante superior direito?

● REENQUADRAR

Coloque em prática a flexibilidade humuncular ao aprender a escrever ou a escovar os dentes com a mão oposta.

Escolha alguma coisa do seu cotidiano de que você não goste e busque modos de passar a apreciá-la. Pense em como poderia enxergar a situação de outro modo e especifique o que poderia fazer para mudar a sua percepção.

Reveja as metas que definiu para si mesmo e levante uma lista de formas malucas de conquistá-las. Descubra como poderia fazer essas ideias funcionarem na prática.

PERSISTIR

Faça uma lista de todos os recursos que você tem. Comece com coisas óbvias e se aprofunde para identificar os demais recursos tangíveis e intangíveis dos quais dispõe.

Dê alguns "passos" esta semana que sejam um pouco maiores do que pensa ser capaz. Por exemplo, seja voluntário para fazer algo que exija um pouco mais de esforço do que está acostumado ou enfrente um problema que pareça complicado à primeira vista. Depois disso, dedique algum tempo à reflexão. Os resultados foram os esperados ou você foi capaz de dar conta desse passo maior com leveza?

Em que nível está o seu "oceano"? Qual é a distância entre a superfície da água e as montanhas? Você consegue identificar as montanhas cujo topo está mais próximo da superfície? O que está fazendo para se reabastecer? O que mais poderia fazer?

INSPIRAR AS PESSOAS

Conte ou escreva a sua história de vida três vezes. Na primeira, destaque todas as coisas ruins que aconteceram com você. Na segunda, ressalte todas as oportunidades maravilhosas que teve. E, na última, conte a sua história como se fosse um comediante, enfatizando os momentos engraçados.

Use a estrutura do esqueleto da narrativa para contar várias histórias. Treine apresentações delas para amigos, a família e/ou colegas.

Pense na presença, no calor humano e no poder que você tem. Quais dessas características são expressadas e quais poderiam ser melhoradas? Preste atenção nas pessoas à sua volta e avalie para você mesmo a presença, o calor humano e o poder delas. Que efeitos têm em você e nos outros?

● REVISAR ATITUDES E AÇÕES

Pegue a carta que escreveu sobre os seus objetivos para si mesmo. Edite-a mais uma vez. Agora inclua todas as atitudes e ações que são necessárias em cada etapa do Ciclo da Invenção.

Depois de finalizar esse processo, faça uma lista dos seus insights mais importantes. O que você já sabia de certa forma e o que é novo? Como o que você aprendeu vai influenciar as suas atitudes e ações daqui em diante?

AGRADECIMENTOS

Todos os livros têm uma história que se inicia bem antes de o leitor abrir a primeira página. Este aqui nasceu na primavera de 2013, quando minha mão voltou a coçar. Tenho vontade de escrever porque o processo exige que eu crie uma lente pela qual vou enxergar o mundo pelo próximo ano, mais ou menos. Além disso, me força a organizar minhas experiências e meus pensamentos, o que produz insights valiosos.

Um livro é uma iniciativa empreendedora. Começa com uma observação aguçada para identificar um problema substancial a ser resolvido, seguido do processo de vislumbrar modos de enfrentá-lo. Aqui, encarei o desafio de iluminar o caminho do processo empreendedor, de forma a permitir que qualquer pessoa construa a vida com a qual sonha.

Direcionar a minha atenção mobilizou a minha motivação. Passei a experimentar diferentes modos de registrar a jornada do empreendedorismo, criei uma série de possíveis estruturas e esbocei dezenas de sumários, até encontrar um modelo e uma abordagem que se encaixassem. As primeiras ideias eram incrementais, mas elas se tornaram progressivamente mais interessantes conforme eu conectava ideias e recebia *feedback* das pessoas.

Um grande avanço ocorreu quando fui capaz de enxergar o problema de uma perspectiva inédita. Para isso, precisei me afastar do desafio para vê-lo num contexto mais amplo. A partir daí, com ímpeto crescente, levei muitos outros meses para reunir estudos de caso relevantes e dados de pesquisas que pudessem, assim espero, inspirar as pessoas a abraçar essas ideias.

Embora eu escreva tudo durante longos períodos de silêncio, o processo está longe de ser solitário. Para me orientar, recebo diversas contribuições e me inspiro em muitas pessoas. É um prazer reconhecer a contribuição delas para este projeto.

Agradeço a todos que conversaram comigo enquanto eu desenvolvia ideias para este livro, que compartilharam suas experiências e deram *feedback*. Entre outros, estão Steve Blank, Bill Burnett, Rich Cox, Tim Draper, Anna Eshoo, Dave Evans, Anne Fletcher, John Hennessy, Debby Hopkins, Marie Johnson, Sal Khan, Kai Kight, Ann Muira Ko, Julia Landauer, Kevin Meirer, Beverly Parenti, Lewis Pugh, Chris Redlitz, Heidi Roizen, Kate Rosenbluth, Justin Rosenstein, Mike Rothenberg, Alberto Savoia, Elad Segev, Piya Sorcar, Michael Tubbs, Tristan Walker, Don Wettrick e Kay Young. Também pesquisei o extenso arquivo de palestras do STVP em busca de insights dos palestrantes no nosso ciclo de palestras *Líderes do Pensamento Empreendedor*, como Olivia Fox Cabane, Scott Harrison, Ben Horowitz, Guy Kawasaki e Justin Rosenstein.

Além disso, agradeço a todos que leram o manuscrito e deram sugestões primordiais, como Deanna Badizadegan, Joachim Bendix Lyon, Jason Cheng, Justin Ferrell, Steven Greitzer, Hussain Kader, Fern Mandelbaum, Heidi Roizen e Yael Wulfovich.

Quero agradecer aos meus colegas da Universidade de Stanford. Eles não poderiam ter sido mais encorajadores. Entre eles, Jennifer Aaker, Jeremy Bailensen, Steve Barley, Steve Blank, Letícia Britos Cavagnaro, Tom Byers, Ben Colman, Rich Cox, Dimitre Dimitrov, Persis Drell, Rebecca Edwards, Chuck Eesley, Kathy Eisenhardt, Justin Ferrell, Margot Gerritsen, Nancy Harrison, Matt Harvey, Aleta Hayes, Peter Glynn, Riitta Katila, Sarah Khan, Dan Klein, Tom Kosnik, Fern Mandelbaum, John Mitchell, Laurie Moore, Michael Pena, Jim Plummer, Heidi Roizen, Bernie Roth, Amin Saberi, Anais Saint-Jude, Nikkie Salgado, Eli Shell, Danielle Steussy, Bob Sutton e Jennifer Widom. Registro um agradecimento especial ao departamento de Ciências da Administração e Engenharia, ao Programa de Empreendimentos Tecnológicos de Stanford e ao Instituto de Design Hasso Plattner de Stanford. Tenho a sorte de aprender todos os dias com meus colegas e alunos talentosos.

O trabalho do Programa de Empreendimentos Tecnológicos de Stanford depende da generosidade de doadores entusiásticos da ideia de ensinar jovens a fazerem mais do que o imaginável com menos do que parece possível. Sou muito grata a Jim Breyer e Ping Li, da Accel Partners; Tim Draper, Steve Jurvetson e John Fisher, da Draper Fisher Jurevetson; Debby Hopkins e Debbie Brackeen, da Citi Ventures; Gordy Davidson, Dan Dorosin e Mark Leahy, da Fenwick and West; Tina e Trygve Mikkelsen; Aubrey Chernick; e todos os ex-alunos do STVP que continuam a apoiar os nossos programas.

Este projeto jamais teria ganhado vida não fossem os meus colegas espetaculares da HarperOne. Gideon Weil é o melhor editor do universo. Ele me fez tudo na medida certa – pressionar, orientar –, sem contar o encorajamento sem limites. Eu ansiava por cada conversa com Gideon na época em que ele me ajudava a formatar e aprimorar este livro. Também agradeço a todos da HarperOne que contribuíram para este projeto, como Claudia Boutote, Kim Dayman, Hilary Lawson, Terri Leonard, Adrian Morgan, Kathy

Reigstad, Renee Senogles e Lisa Zuniga. Um agradecimento especial vai para Mark Tauber, publisher da HarperOne, que há muitos anos me acolheu na família HarperCollins.

Por fim, estou em dívida com a minha família e meus amigos maravilhosos pelo incentivo, inclusive meus pais, meu filho Josh e a mulher dele, Katie. E um recado importante vai para o meu marido extraordinário, Michael. Nos últimos trinta anos, ele me deu apoio incansável, *feedback* crucial, insights profundos e um amor sem fim mesmo nos tempos mais difíceis. Eu não teria como concluir este livro sem ele ao meu lado. Michael, eu te amo. Você é o meu super-herói.

CARTA AOS LEITORES

Tina Seelig, *What I Wish I Knew When I Was 20* (São Francisco: HarperOne, 2009). Título em português: *Se eu soubesse aos 20...*

Tina Seelig, *inGenius: A Crash Course on Creativity* (São Francisco: HarperOne, 2012). Título em português: *Ingenium: um curso rápido e eficaz sobre criatividade.*

Site do Programa de Empreendimentos Tecnológicos de Stanford, http://stvp.stanford.edu.

INTRODUÇÃO

Site do programa The Last Mile, https://thelastmile.org.

Para mais informações sobre o desafio dos nove pontos, http://en.wikipedia.org/wiki/Thinking_outside_the_box.

Jim Adams, *Conceptual Blockbusting, 4. ed.*
(Nova York: Basic Books, 2001).

Mark A. Runco e Garrett J. Jaeger, *The Stanford Definition of Creativity* (A definição de criatividade de Stanford), *Creativity Research Journal 24*, n. 11 (2012), 92–96.

Sir Ken Robinson, *Can Creativity Be Taught?* (A criatividade pode ser ensinada?), https://www.youtube.com/watch?v=vlBpDggX3iE
Site do Fellowship em Inovação de Biodesign, http://biodesign.stanford.edu.

PARTE 1: IMAGINAÇÃO

Scott Harrison, *Thirsting for a Life of Service* (Sede de uma vida a serviço), palestra em Stanford, 6 de novembro de 2013. Você pode encontrar vídeos com alguns trechos em http://ecorner.stanford.edu.

Site do Charity:water, http://www.charitywater.org.

CAPÍTULO 1: ENGAJE-SE

Jennifer L. Roberts, *The Power of Patience* (O poder da paciência), *Harvard Magazine* (on-line), nov./dez. 2013, https://harvardmagazine.com/2013/11/the-power-of-patience

Nicholas Carlson, *Lyft, a Year-Old Startup That Helps Strangers Share Car Rides, Just Raised $60*

Million from Andreessen Horowitz and Others (Lyft, a startup de um ano que ajuda pessoas que não se conhecem a compartilhar uma carona, acaba de levantar US$ 60 milhões de Andreessen Horowitz e outros investidores), 23 de maio de 2013, http://www.businessinsider.com/lyft-a-startup-that-helps-strangers-share-car-rides-just-raised-60-million-from-andreessen-horowitz-2013-5

Chip Conley, *Emotional Equations* (Nova York: Atria Books, 2013).

Scott Barry Kaufman, *From Evaluation to Inspiration* (Da avaliação à inspiração), 27 de agosto de 2014, https://medium.com/aspen-ideas/from-evaluation-to-inspiration-26636af27c62

Dave Evans e Bill Burnett, Projetando a sua vida, Stanford Open Office Hours, 30 de janeiro de 2014, https://www.youtube.com/watch?v=YKEq5iEmMSo&t=1s

CAPÍTULO 2: VISLUMBRE

Site de Julia Landauer, http://www.julialandauer.com.

Angie LeVan, *Seeing Is Believing: The Power of Visualization* (Ver é acreditar: o poder da visualização), *Psychology Today (on-line)*, post original escrito em 3 de dezembro 2009, https://www.psychologytoday.com/blog/

flourish/200912/seeing-is-believing-the-
power-visualization

Kevin Meier, Flint Books, http://www.
flintbooks.me

Elad Segev, *When There Is a Correct Answer:
Exercise in Creative Thinking* (Quando
há uma resposta certa: um exercício
de pensamento criativo), 9 de maio
de 2013, https://www.youtube.com/
watch?v=9TskeE43Q1M&feature=youtu.be

Caroline Bologna, *Letter from LEGO to Parents
in the '70s Makes an Important Point About
Gender* (A carta da Lego aos pais nos anos
1970 levanta uma questão importante sobre
gênero), 24 de novembro de 2014, https://bit.
ly/2RvjgWW

Jeff Bezos, sem data, http://www.biography.
com/people/jeff-bezos-9542209

Martin Luther King, Jr., *Eu tenho um sonho*,
discurso proferido em 28 de agosto de 1963,
https://americanrhetoric.com/speeches/
mlkihaveadream.htm

Kai Kight, *Compondo o seu mundo*, TEDx
talk (Manhattan Beach), 4 de dezembro
de 2014, https://www.youtube.com/
watch?v=eGGhlLW3GUA&feature=youtu.be

Steven Levy, *Google's Larry Page on Why Moonshots Matter* (Larry Page, do Google, fala por que "idas à Lua" são importantes), *Wired* (on-line), 7 de janeiro de 2013, http://www.wired.com/2013/01/ff-qa-larry-page.

Miguel Helft, *Larry Page: The Most Ambitious CEO in the Universe* (Larry Page: o CEO mais ambicioso do universo), Fortune (on-line), 13 de novembro de 2014, http://fortune.com/2014/11/13/googles-larry-page-the-most-ambitious-ceo-in-the-universe.

Filipe Santos e Kathleen Eisenhardt, *Organizational Boundaries and Theories of Organization* (Fronteiras organizacionais e teorias da organização), Organization Science 16, n. 5 (2005): 491–508.

Karol V. Menzie (sobre o Nancy's Quiches), "Entrepreneur Carves Out Niche for Quiche in 'Real' Food Market" (Empreendedora conquista público para quiches na indústria alimentícia), *Baltimore Sun (on-line)*, 13 de outubro de 1993, http://articles.baltimoresun.com/1993-10-13/features/1993286028_1_make-quiche-make-quiche-mini-quiches.

Ann Miura-Ko, *Funding Thunder Lizard Entrepreneurs* (Investindo em empreendedores "brontossauros"), palestra em Stanford, 27 de outubro de 2010. Você pode encontrar vídeos com alguns trechos em https://ecorner.

stanford.edu/videos/funding-thunder-lizard-entrepreneurs-entire-talk

Michael Tubbs, TEDx talk (Stanford), 11 de maio de 2013, https://www.youtube.com/h?v=mzk4S_3DE3Y&list=PLsRNoUx8w3rOTgRj LiC9EZNqiAwqyaOep&index=8&t=0s

Heather Barry Kappes e Gabriele Oettingen, *Positive Fantasies About Idealized Futures Sap Energy* (Fantasias positivas sobre futuros idealizados roubam energia), *Journal of Experimental Social Psychology* 47 (2011): 719–729.

Olivia Fox Cabane (sobre a síndrome do impostor), *Build Your Personal Charisma* (Construa o seu carisma pessoal), palestra em Stanford, 10 de outubro de 2012. Você pode encontrar vídeos com alguns trechos em http://ecorner.stanford.edu.

PARTE 2: CRIATIVIDADE

Sobre Ópera Municipal de Nova York, http://topics.nytimes.com/top/reference/timestopics/organizations/n/new_york_city_opera/index.html.

Craig Duff, *Finding Tomorrow's Classical Fans* (À procura dos amantes de amanhã dos clássicos), New York Times (on-line), 24 de maio de 2014, www.nytimes.com/video/

arts/music/10000002900637/finding-
tomorrow8217s-classical-fans.html

Melena Ryzik, *The Entire Audience Dozed Off?
Perfect!* (Todo mundo na plateia dormiu?
Perfeito!), *New York Times (on-line)*, 16
de maio de 2014, http://www.nytimes.
com/2014/05/17/arts/dream-of-the-red-
chamber-and-other-sleep-oriented-shows.html.

Site do Não durma mais (experiência teatral de
imersão), http://sleepnomorenyc.com

CAPÍTULO 3: MOTIVE-SE

Don Wettrick, *Pure Genius: Building a Culture
of Innovation and Taking 20% Time to the Next
Level* (San Diego: Dave Burgess Consulting,
2014).

Daniel Pink, *O desafio da motivação*, julho de
2009, TED talk (internacional),
https://www.ted.com/talks/dan_pink_the_
puzzle_of_motivation?language=pt-br

Daniel Pink, *Drive: The Surprising Truth About
What Motivates Us* (Nova York: Riverhead
Books, 2011). Título em português: *Drive: a
surpreendente verdade sobre aquilo que nos motiva*

Amy Wrzesniewski e Barry Schwartz, *The Secret
of Effective Motivation* (O segredo da motivação
eficaz), *New York Times (on-line)*, 4 de julho de

2014, http://www.nytimes.com/2014/07/06/opinion/sunday/the-secret-of-effective-motivation.html

Site do programa Mayfield Fellows, http://stvp.stanford.edu/mayfield-fellows-program.

Guy Kawasaki, *Make Meaning in Your Company* (Faça sentido na sua empresa), palestra em Stanford, 20 de outubro de 2004. Você pode encontrar vídeos com alguns trechos em http://ecorner.stanford.edu.

John Gardner, *Personal Renewal* (Renovação pessoal), apresentação na McKinsey & Company, Phoenix, 10 de novembro de 1990, http://www.pbs.org/johngardner/sections/writings_speech_1.html

Khalida Brohi (palestrante), *Mobilizing for Impact* (Mobilizando por impacto), Iniciativa Global Clinton, outubro de 2013, https://www.youtube.com/watch?v=9CZ_OWEzuBk

CAPÍTULO 4: EXPERIMENTE

Michelle Trudeau, *Preschoolers Outsmart College Students in Figuring Out Gadgets* (Alunos da pré-escola são mais espertos do que universitários para desvendar dispositivos), NPR, 30 de junho de 2014, http://www.npr.org/blogs/health/2014/06/30/325230618/preschoolers-outsmart-college-students-in-figuring-out-gadgets.

Para saber mais sobre o conceito de *pretotyping* de Alberto Savoia, confira http://www.pretotyping.org

Peter Sims, *Little Bets* (Nova York: Random House Business Books, 2011).

Site de Rich Cox, http://peoplerocket.com

Site do TeachAIDS, http://teachaids.org

PARTE 3: INOVAÇÃO

Site de Katherine Young, http://www.kbyoung.com

CAPÍTULO 5: TENHA FOCO

Olga Khazan, *Precrastination: Worse Than Procrastination?* (Precrastinação: é pior do que procrastinação?), *Atlantic (on-line)*, 24 de setembro de 2014, http://www.theatlantic.com/health/archive/2014/09/precrastination-worse-than-procrastination/380646

Site do Torneio de Inovação do Epicenter, http://epicenter.stanford.edu/resource/innovation-tournament

Justin Rosenstein, *Leading Big Visions from the Heart* (Conduzindo grandes visões com o coração), palestra em Stanford, 8 de maio de 2013. Você pode encontrar vídeos com alguns trechos em http://ecorner.stanford.edu.

Tristan Harris, *Distracted? Let's Make Technology That Helps Us Spend Our Time Well* (Anda distraído? Vamos desenvolver tecnologia para nos ajudar a gastar bem o tempo), TEDx talk (Bruxelas), 16 de dezembro de 2014, https://www.youtube.com/watch?v=jT5rRh9AZf4

Mindfulness in the Age of Complexity (Mindfulness na era da complexidade), *Harvard Business Review (on-line)*, março de 2014, https://hbr.org/2014/03/mindfulness-in-the-age-of-complexity

Cliff Nass, *Are You Multitasking Your Life Away?* (Você está desperdiçando a vida com múltiplas tarefas?), TEDx talk (Stanford), 20 de junho de 2013, http://youtu.be/PriSFBu5CLs

Daniel Levitin, *The Organized Mind: Thinking Straight in the Age of Information Overload* (Nova York: Dutton, 2014). Título em português: *A mente organizada: como pensar com clareza na era da sobrecarga de informação.*

Greg McKeown, *Essentialism: The Disciplined Pursuit of Less* (Nova York: Crown Business, 2014). Título em português: *Essencialismo: a disciplinada busca por menos.*

Stephen Covey, *The Seven Habits of Highly Successful People*, edição de aniversário (Nova York: Simon & Schuster, 2013). Título em português: *Os sete hábitos das pessoas altamente eficazes.*

Dave Ulacia *(sobre os princípios de Covey), Are You Working on the Wrong Things?* (Você está se dedicando às coisas erradas?), 28 de abril em 2009, http://getorganized.fcorgp.com/content/are-you-working-wrong-things.

Diane M. Beck e Sabine Kastner, *Top-Down and Bottom-Up Mechanisms in Biasing Competition in the Human Brain* (Mecanismos descendentes e ascendentes influenciadores da competição no cérebro humano), Vision Research 49, n. 10 (2 de junho de 2009), 1154–1165, usada a ver~ no prelo, https://www.princeton.edu/~pdf/BeckKastner2008.pdf.

William D. S. Killgo ~*ffects of Sleep Deprivation on Cognition* (Efeitos da privação de sono na cognição), Progress in Brain Research 185 (janeiro de 2010), 105–29.

CAPÍTULO 6: REENQUADRE

Mauricio Estrella, *How a Password Changed My Life* (Como uma senha mudou a minha vida), 14 de maio de 2014, https://medium.com/@manicho/how-a-password-changed-my-life-7af5d5f28038.

Ian Urbina, *The Secret Life of Passwords* (A vida secreta das senhas), *New York Times (on-line)*, 23 de novembro de 2014, http://www.nytimes.

com/2014/11/19/magazine/the-secret-life-of-passwords.html

Alina Simone, *The Spread of Mondegreens Should Have Ended with the Internet, but It Hasn't* (A internet deveria ter acabado com os mondegreens, mas isso não aconteceu), PRI, 20 de novembro de 2014, http://www.pri.org/stories/2014-11-20/spread-mondegreens-should-have-ended-internet-it-hasnt

Departamento de Defesa, Estratégias de Comunicação de Crise, *Case Study: The Johnson & Johnson Tylenol Crisis* (Estudo de caso: a crise do Tylenol, da Johnson & Johnson), sem data, http://www.ou.edu/deptcomm/dodjcc/groups/02C2/Johnson%20&%20Johnson.htm

Douglas Heaven, *Learn to Shake Your New Tail as a Virtual Animal* (Aprenda a balançar sua nova cauda como animal virtual), *New Scientist (on-line)*, 20 de junho de 2013, http://www.newscientist.com/article/dn23725-learn-to-shake-your-new-tail-as-a-virtual-animal.html#.VOoElsb3_Y0

Jaron Lanier, *On the Threshold of the Avatar Era* (No começo da Era Avatar), *Wall Street Journal (on-line)*, 23 de outubro de 2010, http://www.wsj.com/news/articles/SB100014240527023037385045755684105848650 10

Tristan Walker, *Be an Authentic Entrepreneur* (Seja um empreendedor autêntico), palestra em Stanford, 9 de abril de 2014. Você pode encontrar vídeos com alguns trechos em http://ecorner.stanford.edu.

Rosamund Stone Zander e Ben Zander, *The Art of Possibility* (Boston, MA: Harvard Business School Press, 2000). Título em português: *A Arte da Possibilidade.*

PARTE 4: EMPREENDEDORISMO

Mike Peña, *Experiential Learning Essential to Entrepreneurship Education at Stanford* (Aprendizado experimental é essencial para o ensino de empreendedorismo em Stanford), 26 de setembro de 2013, http://stvp.stanford.edu/experiential-learning-essential-to-entrepreneurship-education-at-stanford

CAPÍTULO 7: PERSISTA

Lewis Pugh, *How I Swam the North Pole* (Como nadei no Polo Norte), TED talk (internacional), setembro de 2009, https://www.ted.com/talks/lewis_pugh_swims_the_north_pole

Site do Duckworth Lab (Universidade da Pensilvânia), https://sites.sas.upenn.edu/duckworth/pages/research

The Entrepreneur Failures Behind the Success of Richard Branson (As falhas de empreendedorismo por trás do sucesso de

Richard Branson), 14 de março de 2014, http://www.nextupasia.com/the-entrepreneur-failures-behind-the-success-of-richard-branson

Gregory Warner, *Fleeing War and Finding Work* (Fuga da guerra e busca por trabalho), NPR, 15 de agosto de 2014, http://www.npr.org/blogs/money/2014/08/15/340421054/fleeing-war-and-finding-work

CAPÍTULO 8: INSPIRE

Liz Wiseman e Greg McKeown, *Managing Yourself: Bringing Out the Best in Your People* (Autogestão: revelando o melhor da sua equipe), *Harvard Business Review (on-line)*, maio de 2010, https://hbr.org/2010/05/managing-yourself-bringing-out-the-best-in-your-people

Ben Horowitz, *The Hard Thing About Hard Things* (Nova York: Harper Business, 2014).

Chip Heath e Dan Heath, Made to Stick (Nova York: Random House, 2007). Título em português: *Ideias que colam: por que algumas ideias pegam e outras não.*

David Eagleman, *Sum* (Nova York: Vintage, 2010). Título em português: *A soma de tudo: 40 histórias espirituosas sobre o além.*

David Aaker, *Skype Uses Storytelling to Drive Growth* (Sype usa storytelling para crescer), 17 de dezembro de 2014, https://www.linkedin.com/pulse/how-skype-used-storytelling-david-aaker

Kurt Vonnegut sobre estruturas narrativas, 4 de outubro de 2013, https://www.youtube.com/watch?v=oP3c1h8v2ZQ&list=PLjnUdXUq-2ZwIv2sM7yTT9zMEm04ReKO0

Maya Eilam, *The Shapes of Stories: A Kurt Vonnegut Infographic* (As estruturas narrativas: um infográfico sobre Kurt Vonnegut), 1º de janeiro de 2012, https://tenderhuman.com/shapes-of-stories-infographic

Teresa Norton, *Story Spine: A Simple Exercise to Get You Unstuck* (Esqueleto da narrativa: um exercício simples para você se desbloquear), 25 de julho de 2012, https://hbr.org/2012/07/a-simple-exercise-to-help-you

Ken Adams, *Back to the Story Spine* (De volta ao esqueleto da narrativa), 5 de junho de 2013, http://www.aerogrammestudio.com/2013/06/05/back-to-the-story-spine

This Advice from IDEO's Nicole Kahn Will Transform the Way You Give Presentations (Esse conselho de Nicole Kahn, da IDEO, vai transformar seu jeito de fazer apresentações), sem data, http://shar.es/1W5yiV

Bob Sutton, *Scaling Up Excellence* (Potencializando a excelência), palestra em

Stanford, 12 de fevereiro de 2014. Você pode
encontrar vídeos com alguns trechos em
http://ecorner.stanford.edu

Robert Cialdini, *Influence: The Psychology
of Persuasion* (Nova York: Harper Business,
2006). Título em português: *O poder da
persuasão: você pode ser mais influente do
que imagina.*

Olivia Fox Cabane, *The Charisma Myth: How
Anyone Can Master the Art and Science of
Personal Magnetism* (Nova York: Portfolio/
Penguin, 2013). Título em português: *O mito
do carisma: a força do magnetismo pessoal
para atingir o sucesso profissional.*

Olivia Fox Cabane *(sobre a síndrome do
impostor), Build Your Personal Charisma*
(Construa o seu carisma pessoal), palestra
em Stanford, 10 de outubro de 2012. Você
pode encontrar vídeos com alguns trechos em
http://ecorner.stanford.edu

CONCLUSÃO
Tim Brown, *Design Thinking, Harvard Business
Review (on-line)*, junho de 2008, https://hbr.
org/2008/06/design-thinking

Steve Blank, *Why the Lean Startup Changes
Everything* (Por que a startup enxuta muda
tudo), *Harvard Business Review (on-line)*, maio

de 2013, https://hbr.org/2013/05/why-the-lean-start-up-changes-everything
Steve Blank, *How to Think Like an Entrepreneur: The Inventure Cycle,* 9 de setembro de 2014, http://steveblank.com/2014/09/09/how-to-think-like-an-entrepreneur-the-inventure-cycle

Ben Keene, *Escolas para a vida,* 15 de outubro de 2014, https://medium.com/@benkeene/schools-for-life-eadd9b85ceee

Site da Universidade Draper, http://draperuniversity.com

**COMPRE UM
·LIVRO·
doe um livro**

Nosso propósito é transformar a vida das pessoas através de histórias. Em 2015, nós criamos o programa compre 1 doe 1. Cada vez que você compra um livro na loja virtual da Belas Letras, você está ajudando a mudar o Brasil, doando um outro livro por meio da sua compra. Queremos que até 2020 esses livros cheguem a todos os 5.570 municípios brasileiros.

Conheça o projeto e se junte a essa causa:
www.belasletras.com.br

Este livro foi composto em Arno Pro e impresso em papel lux cream 70g pela gráfica Pallotti em março de 2020